# つくおきの "悩まない" おかず

nozomi

kobunsha

# はじめに

この本をお手にとってくださり、ありがとうございます。

「つくおき」シリーズとして7冊目となる今回は、ミツカンさんとコラボした"1本で味が決まる調味料"をフルに活用したレシピ集です。

レシピ通りに作っているはずなのになんだか味が決まらないなという経験、みなさんもあるのではないでしょうか（私はあります）。そんなときに役に立つ"1本で味が決まる調味料"は、プロが最良の努力と改善を重ねた結果、スーパーや店頭に並んでいます。だからこそおいしいですし、多くの人に愛され続けてきたロングセラー商品ならなおのこと、「味が決まらない」という悩みとは無縁です。
こういった調味料の利点として、ほかに使用する調味料の種類がぐんと減るということがあげられます。それはつまり時短につながり、家事の負担もちょっと軽くなります。

ただ、こういう調味料にありがちな悩みが、料理が同じ味になってしまうということ。
そこはご安心ください。
和洋ミックスされたバリエーションあるレシピで、飽きずに味を楽しめていただけるのではないかと思っています。
何を作ろうかと考えたときに、実際に役に立つ1冊になれば幸いです。

nozomi

# つくおきの "悩まない"おかず contents

味ぽん®

カンタン酢™

追いがつお®つゆ
（2倍）

「味ぽん®」「カンタン酢™」「追いがつお®つゆ（2倍）」は、
株式会社Mizkan Holdingsの商標です。

# この3本で基本の味が決まる！

本書の主役はこの3本。
メインのおかず、下味冷凍、サブのおかずと幅広いレシピで味がばっちり決まる、
とても頼もしい存在です。

## 味ぽん®

かんきつ果汁・醸造酢・しょうゆがひとつになった他では味わえない絶妙な風味の調味料です。鍋料理をはじめ、おろし焼肉・焼魚・ぎょうざ・冷奴など「つけて」「かけて」幅広くお使いいただける「ニッポンのさっぱり味」調味料です。

写真は360ml
（他サイズも展開中）

### 使用例

ぽん酢で味決まる
鶏のから揚げ　→ P.64

## カンタン酢™

これ1本で、甘酢漬け、酢の物、お寿司、ピクルス、マリネ、肉料理など、いろいろなお酢メニューがカンタンに作れる調味酢です。砂糖、食塩などを合せる必要がないので、料理の苦手な方でも簡単においしくお酢メニューを作ることができます。

写真は500ml
（他サイズも展開中）

### 使用例

下味冷凍でしみしみ
豚バラ大根　→ P.71

## 追いがつお®つゆ（2倍）

かつおで2回だしをとる日本料理のプロの技を取り入れた「追いがつおつゆ」。かつおだしの効きにこだわり、「旨みだし」と「香りだし」の2つのだしに、きめ細やかに挽いたかつお節を加えました。かつおだしが効いているので、本格的な料理が簡単に仕上がります。（濃縮2倍タイプ）

写真は500ml
（他サイズも展開中）

### 使用例

彩り野菜のつゆうま™
ポークチャップ　→ P.75

# その他の主な調味料 🧴🪥

主役の3本以外はシンプルに、必要最低限の調味料のみにしぼりました。
（　）内は私が使用しているものですが、必ずしもこだわらなくて大丈夫です。
お好みのものをご使用ください。

## 基本

| 砂糖<br>（きび砂糖や三温糖） | 塩 | しょうゆ<br>（こいくち） |
| --- | --- | --- |
| みそ<br>（麹みそ） | みりん<br>（本みりん） | 酒<br>（食塩無添加） |

## 油類

| |
| --- |
| サラダ油 |
| ごま油 |
| オリーブオイル |
| バター |

## 風味付け、スパイス類

| しょうが・にんにく<br>（チューブ） | ブラックペッパー・こしょう |
| --- | --- |
| はちみつ | コチュジャン |
| トマトケチャップ | 豆板醤 |
| マヨネーズ | カレー粉 |
| からし（チューブ） | 柚子こしょう |

# 保存の基本について

この本ではレシピごとに保存の目安を記載していますが、
おいしく食べるためにはコツがあります。

## 保存容器と調理器具は清潔に

しっかりと洗って、しっかり乾かすことに何より気を配っ
ています。角の部分は特に汚れが残りやすいので気を
つけて洗います。おかずを取り分ける箸やスプーンも同
様です。市販の台所用除菌スプレーを使ったり、素材
によっては煮沸消毒や熱湯消毒をこまめにするとより
安心です。

## しっかり冷ましてから冷蔵庫へ

できあがったおかずは保存容器に移し、室内であら熱
を取ってからふたをして、冷蔵庫に入れます。あら熱を
取るときは、大きめの保冷剤の上に保存容器を置いて
おけば早く冷ますことができます（食中
毒防止のため、作り置きおかずは早くあ
ら熱を取って冷ましたほうがよいです）。
なお、あら熱が取れる前にふたをしてし
まうと、ふたに水滴がついて衛生的によ
くないので避けてください。

板状の保冷剤が
おすすめ！

## 日持ちを把握しておく

マスキングテープに調理した日付とレシピ名を書き、保
存容器に貼ります。日持ちの確認や保存容器の出し入
れがスムーズにできます。調理前にシール台紙などに
貼って準備しておくと、そのあとラクです。

## 取り分けにもひと工夫

汁けのあるものは容器の底から取る、和えものは上下を返して混ぜるなどの工夫をすると、味が均一になって最後までおいしく食べられます。混ぜるときはもちろん清潔な箸を使います。

## 余分な水けはしっかりと切る

水分を多く含んでいる野菜は、塩もみしたり、加熱後に手でぎゅっとしぼったりして、余分な水けをしっかりと切ります。水けをしっかり切れば、時間がたって食感が悪くなったり味がボヤたりすることを防げます。

## 召し上がるときは

電子レンジ等で適宜温めてください。
電子レンジの場合、100gあたり1分前後が目安です。
和えものやサラダなどの温めずに食べられるおかずは、冷たいままでも大丈夫です。

冷たすぎるのがイヤな場合は、10～20秒ほどレンジ加熱するとよいです。
お弁当に詰める場合は、中途半端に加熱することが雑菌の繁殖につながるため、冷たいまま詰めてください。

# 平日の献立例
## 〜1週目〜

作り置きおかずを活用した平日5日分の献立メニューです。
作り置きがあると忙しいときでも食卓の準備が早くラクにできます。
1週目は和風テイストにしました。

※みそ汁はインスタントを使用

## 月

- 厚揚げそぼろのみそ炒め
- 白菜からし漬け
- れんこんとツナのきんぴら
- ごはん

ボリュームのある厚揚げそぼろをメインに、根菜
と葉物野菜の副菜をバランスよく合わせました。
メインには小ねぎを散らしています。

## 火

- えのきの豚巻き
- 小松菜とカニカマの
  めんつゆ和え
- さっぱりヤンニョム煮卵
- ごはん
- みそ汁

豚巻きがしっかり味のメインなので、副菜は冷た
いままでもおいしいものにしました。豚巻きは温
めてから食べやすい大きさに切ります。みそ汁も
追加しました。卵には小ねぎを散らしています。

## 水

- 厚揚げそぼろのみそ炒め
- きのこの柚子こしょうマリネ
- なすと長ねぎのみそ和え
- ごはん

月、水で厚揚げそぼろは食べ切りです。みそ味のおかず
に、さっぱりとしたきのこのマリネがちょうどよい箸休
めになっています。メインには小ねぎを散らしています。

---

## 木

- ぽん酢で味決まる鶏のから揚げ
- 小松菜とカニカマのめんつゆ和え
- れんこんとツナのきんぴら
- ごはん

週の後半は下味冷凍おかずを活用。きんぴらとめんつ
ゆ和えはこれで食べ切りです。から揚げには付け合わ
せにリーフレタスとカットレモンをそえて、見た目も華
やかです。

---

## 金

- 下味冷凍でしみしみ豚バラ大根
- 白菜からし漬け
- さっぱりヤンニョム煮卵
- ごはん
- みそ汁

下味冷凍の豚バラ大根を煮ているあいだに、並行して
みそ汁も用意しました。ごはんが進むおかずたちです。
メイン、卵には小ねぎを散らしています。

## メインのおかず

## サブのおかず

## 🛒 買い出しリスト

＜肉・魚介類＞
鶏もも肉 ……………………………… 約400g
鶏ももひき肉 ………………………… 約250g
豚バラ薄切り肉 ……………………… 約400g

＜野菜類＞
大根 ……………………… ⅓本（約400g）
えのき茸 ………………… 1袋（約200g）
しめじ …………………… 1袋（約100g）
エリンギ ………………… 1袋（約100g）
れんこん ………………… 1節（約100g）
にんじん ………………… 小1本（約100g）
小松菜 …………………… 5株（約200g）
白菜 ……………………… ⅛株（約300g）
なす ……………………………………… 3本
しょうが ……………………………… 1かけ
長ねぎ（白い部分） ………………… ½本
小ねぎ ………………………………… 好みで
リーフレタス ………………………… 好みで
レモン ………………………………… 好みで

＜その他＞
厚揚げ豆腐 ………………… 1丁（約250g）
卵 ………………………………………… 4個
カニカマ ………………… 5本（約50g）
ツナ缶（油漬けタイプ） ……… 1缶（約80g）
輪切り唐辛子 ………………………… 好みで

# まとめて10品調理（約100分）

| 火を使わない 🔥 | フライパン 🍳 | 片手鍋 🥘 |
|---|---|---|
| | | 小松菜をゆでる |
| | | 卵をゆでる |
| | きのこを炒める | |
| ❼ きのこの柚子こしょうマリネ（和える） | | |
| | 長ねぎを炒める | |
| | なすを炒める | |
| ❽ なすと長ねぎのみそ和え（和える） | | |
| | | ヤンニョム煮卵の漬け汁を作る |
| ❿ さっぱりヤンニョム煮卵（漬ける） | | |
| | ❺ れんこんとツナのきんぴら（炒める） | |
| 白菜を塩もみする | | |
| | 💧💧 | |
| | ❶ 厚揚げそぼろのみそ炒め（炒める） | |
| ❻ 小松菜とカニカマのめんつゆ和え（和える） | | |
| | 💧💧 | |
| | ❷ えのきの豚巻き（焼く） | |
| ❾ 白菜からし漬け（漬ける） | | |
| ❸ ぽん酢で味決まる鶏のから揚げ（漬ける） | | |
| ❹ 下味冷凍で味しみしみ豚バラ大根（漬ける） | | |

💧💧… 洗う

## ポイント

- 片手鍋では小松菜と卵を順番にゆでます。卵をゆで終えたあとはヤンニョム煮卵の漬け汁を煮立たせて、ある程度冷めたらポリ袋で卵を漬けます。
- きのこ、長ねぎ、なすはそれぞれ炒めたあとはフライパンを水洗いせず、キッチンペーパーで汚れをふき取るだけです。単純に炒めているだけなので、水洗いしなくても味に影響はないです。洗う手間も時間も省けます。
- 反対に、きんぴら、厚揚げそぼろ、豚巻きはそれぞれ味の方向性が違って、続けて作ると味が移りかねないので、あいだに水洗いします。
- 最後は下味冷凍おかずを仕込みます。なお、大根は肉より先に切ったほうがよいです（肉を切るとまな板が脂でベトつくため）。

# 平日の献立例
## ～2週目～

2週目は洋風テイストにしました。
1週目もそうでしたが、下味冷凍の主菜を作っておくと、週の後半に大活躍します。

※ スープはインスタントを使用

## 月

- さっぱりチキンの
  おかずサラダ
- キャベツとじゃこの
  めんつゆマヨサラダ
- はんぺんソースの
  ふわとろグラタン
- ごはん

メインも副菜も食べごたえのあるメニューにしました。それぞれの食感の違いも楽しめます。

--------------------------------------------------------------------------

## 火

- マヨぽん® チキン
- 梅ごぼうきんぴら
- 大根の
  フレッシュピクルス
- ごはん

こってりめのメインに、さっぱりした副菜2品を合わせました。メインには彩りにフリルレタスとミニトマトをそえました。フリルレタスでチキンを包んでもおいしいです。

## 水

- さっぱりチキンのおかずサラダ
- じゃがいもとにんじんのバタぽん炒め
- トマトと玉ねぎのおかかポン酢マリネ
- ごはん
- スープ

洋風おかずに合わせて、コーンスープを追加しました。このメニューだったらごはんではなく、パンにしてもよいですね。

---

## 木

- 彩り野菜のつゆうま™
  ポークチャップ
- はんぺんソースのふわとろグラタン
- 梅ごぼうきんぴら
- ごはん

下味冷凍おかずの登場です。ポークチャップは一品で肉と野菜がバランスよく食べられるのもうれしいです。彩りと風味づけにイタリアンパセリも散らしています。

---

## 金

- 鶏むね肉のタンドリーチキン風
- 大根のフレッシュピクルス
- じゃがいもとにんじんのバタぽん炒め
- ごはん

食が進むタンドリーチキン風と、箸休めのピクルスは好相性。メインにベビーリーフとカットレモンをそえています。野菜がとれる献立です。

13

## メインのおかず

## サブのおかず

## 🛒 買い出しリスト

＜肉・魚介類＞
鶏もも肉 ・・・・・・・・・・・・・・・・・・・・・・・ 約700g
鶏むね肉 ・・・・・・・・・・・・・・・・・・・・・・・ 約300g
豚ロース薄切り肉 ・・・・・・・・・・・・・・・・・ 約200g

＜野菜類＞
ブロッコリー ・・・・・・・・・・・・・・・・・・・・・・ ½株
キャベツ ・・・・・・・・・・・・・・・・ ¼玉（約250g）
きゅうり ・・・・・・・・・・・・・・・・・・・・・・・・・ ⅓本
トマト ・・・・・・・・・・・・・・・・・・・・・・・・・・・ 1個
赤パプリカ ・・・・・・・・・・・・・・・・・・・・・・・ ⅛個
黄パプリカ ・・・・・・・・・・・・・・・・・・・・・・・ ⅜個
ピーマン ・・・・・・・・・・・・・・・・・・・・・・・・・ 3個
じゃがいも ・・・・・・・・・・ 2〜3個（約350g）
にんじん ・・・・・・・・・・・・・ 2.5本（約375g）
玉ねぎ ・・・・・・・・・・・・・・・ 1.6個（約250g）
ごぼう ・・・・・・・・・・・・・・・ 細1本（約100g）
大根 ・・・・・・・・・・・・・・・・・・・・・・・・・ 約4cm
大葉 ・・・・・・・・・・・・・・・・・・・・・・・・・・・ 5枚
ベビーリーフ ・・・・・・・・・・・・・・・・・・・ 好みで
フリルレタス ・・・・・・・・・・・・・・・・・・・ 好みで
イタリアンパセリ ・・・・・・・・・・・・・・・・ 好みで
レモン ・・・・・・・・・・・・・・・・・・・・・・・・ 好みで

＜その他＞
ペンネ ・・・・・・・・・・ 50g　　ミックスチーズ
梅干し ・・・・・・・ 大2粒　　・・・・・・・・・・・・・ 適量
ちりめんじゃこ　　　　　　牛乳 ・・・・・・・・・ 80ml
・・・・・・・・・・・ 約20g　　おかか
はんぺん　　　　　　　　　・・小分け2袋（5g）
・・大判1枚（120g）

# まとめて10品調理（約120分）

| 火を使わない 🔥 | フライパン<br>オーブン 🍳 ▭ | 片手鍋 🍳 |
|---|---|---|
| ❹ 鶏むね肉の<br>タンドリーチキン風（漬ける） | | |
| ❸ 彩り野菜のつゆうま™<br>ポークチャップ（漬ける） | | |
| 鶏もも肉の下ごしらえ | | |
| | | ブロッコリーをゆでる |
| | 鶏肉を焼く（フライパン） | |
| | | ペンネをゆでる |
| グラタン用のじゃがいもを<br>レンジ加熱する | | |
| マリネ用のたまねぎを<br>レンジ加熱する | | |
| ❷ さっぱりチキンの<br>おかずサラダ（和える） | | |
| | ❶ マヨぽん® チキン（フライパン） | |
| | | キャベツをゆでる |
| | ❽ はんぺんソースのふわとろ<br>グラタン（オーブン） | |
| ❾ トマトと玉ねぎの<br>おかかポン酢マリネ（和える） | | |
| | 💧 | |
| | ❻ 梅ごぼうきんぴら（フライパン） | |
| ❼ キャベツとじゃこの<br>めんつゆマヨサラダ（和える） | | |
| | ❿ じゃがいもとにんじんの<br>バタぽん炒め（フライパン） | |
| ❺ 大根のフレッシュピクルス<br>（漬ける） | | |

💧 … 洗う

## ポイント

- まず下味冷凍おかずの仕込みと、メインに使う鶏肉の下ごしらえを続けてやります。
- 次にフライパンでおかずサラダ用の鶏肉を焼きます。焼けたら取り出して、汚れをキッチンペーパーでふき取り、続けてマヨぽん® チキン用の鶏肉も焼きます。
- 鶏肉を焼くのとほぼ並行するかたちで、片手鍋でブロッコリーとペンネをゆでます。さらにペンネをゆでているあいだに、レンジで他のおかずの下ごしらえもします。
- マヨぽん® チキンのあと、少しフライパンを冷ましてから洗います（フッ素樹脂加工のフライパンは熱いまま洗うと劣化するため）。
- フライパンが冷めるまでのあいだにグラタンをオーブンにセットし、マリネも仕上げます。
- 梅ごぼうきんぴらとバタぽん炒めのあいだはキッチンペーパーで汚れをふき取り、連続で作っています。また、並行して効率よく、和え物も仕上げています。

15

# この本の使い方

- 小さじ1＝5ml、大さじ1＝15ml、1カップ＝200mlです。
- 野菜類の処理に関して特に明記していないものは、洗う、皮をむくなどの基本作業を済ませてからの手順を説明しています。
- 本書で使用している電子レンジは500Wです。記載された電子レンジの加熱時間は目安ですので、適宜ご調整ください。
- 電子レンジなどの調理機器をご使用の際には、お使いの機種の取扱説明書にしたがってください。
- 電子レンジで保存容器、ジッパー付き保存袋をご使用の際は、必ずパッケージ等で電子レンジ使用可であることを確認してください。
- 保存容器は、お使いのものの取扱説明書にしたがって、洗浄・消毒した清潔な状態でご使用ください。
- 栄養成分値には、材料欄で「好みで」と記載されたものの栄養成分は含まれません。

## アイコンの見方

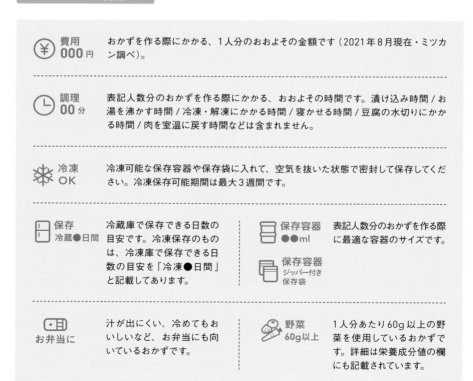

| 費用 000円 | おかずを作る際にかかる、1人分のおおよその金額です（2021年8月現在・ミツカン調べ）。 | | |
| 調理 00分 | 表記人数分のおかずを作る際にかかる、おおよその時間です。漬け込み時間/お湯を沸かす時間/冷凍・解凍にかかる時間/寝かせる時間/豆腐の水切りにかかる時間/肉を室温に戻す時間などは含まれません。 | | |
| 冷凍 OK | 冷凍可能な保存容器や保存袋に入れて、空気を抜いた状態で密封して保存してください。冷凍保存可能期間は最大3週間です。 | | |
| 保存 冷蔵●日間 | 冷蔵庫で保存できる日数の目安です。冷凍保存のものは、冷凍庫で保存できる日数の目安を「冷凍●日間」と記載してあります。 | 保存容器 ●●ml 保存容器 ジッパー付き保存袋 | 表記人数分のおかずを作る際に最適な容器のサイズです。 |
| お弁当に | 汁が出にくい、冷めてもおいしいなど、お弁当にも向いているおかずです。 | 野菜 60g以上 | 1人分あたり60g以上の野菜を使用しているおかずです。詳細は栄養成分値の欄にも記載されています。 |

# 1

## CHAPTER

# メインの
# おかず

老若男女問わず口に合う、お弁当に入れやすい、手間なく作れる、おいしさが長持ちするなど、工夫を凝らした20品。食卓の主役になるおかずを作り置きしておくだけで、ごはん作りの負担がぐっと軽くなります。

# 鶏むね肉となすのぽん酢炒め

しっとり鶏むね肉とジューシーななすに、ぽん酢とはちみつのごま油風味のたれが
とろりとからんだこっくり味。お弁当にもぴったりです。

| ¥ 費用 103円 | 🕐 調理 15分 | 保存 冷蔵4日間 | 保存容器 800ml | お弁当に |
|---|---|---|---|---|

## 材料（4人分）

鶏むね肉 ……………………… 約350g
Ⓐ 砂糖 ……………………… 大さじ½
　｜ 塩 ……………………… 小さじ½
片栗粉 ……………………… 大さじ1
なす ……………………………… 2本
サラダ油 …………………… 大さじ2

Ⓑ 味ぽん® ……………………… 大さじ3
　｜ はちみつ ……………………… 大さじ1
　｜ しょうが（チューブ）………… 4cm
ごま油 …………………………… 大さじ½
小ねぎ …………………………… 好みで

## 作り方

**1** 鶏肉を室温に戻し、余分な脂を取り除いてフォークなどで数カ所穴をあける。小さめのひと口大に切り、ポリ袋に入れて**A**を砂糖、塩の順番でよくもみ込む。memo1

**2** **B**をボウルでよく混ぜ合わせる。

**3** なすはへたを切り落とし、乱切りにする。切ったらすぐにフライパンに入れ、サラダ油をからませる。

**4** **3**を中火にかけ、表面に火が通るまで炒めたら、端によせる。鶏むね肉に片栗粉をまぶしてからフライパンに入れ、表面の色が変わるくらいまで炒める。memo2

**5** **B**を**4**に入れ、全体的に煮からめる。火を止めたら、ごま油をまわしかける。食べるときは好みで小ねぎを散らす。memo3

### 栄養成分値

| | |
|---|---|
| エネルギー | 239kcal |
| 食塩相当量 | 1.9g |
| たんぱく質 | 19.6g |
| 脂質 | 12.7g |
| 炭水化物 | 10.6g |
| 食物繊維 | 0.8g |
| 糖質 | 9.8g |
| 野菜重量 | 36g |

（1人分あたり）

### 📝 メモ

**memo1 / 鶏肉の下ごしらえ**
- 砂糖と塩をもみ込むことで、保水効果により鶏肉がやわらかく仕上がります。砂糖と塩、どちらもつやが出るまでしっかりもみ込みます。
- 炒める前に片栗粉をまぶしてコーティングすることで、さらにパサつかなくなります。

**memo2 / 炒めるときのポイント**
- 炒める前に表面に油をからませておくと、炒めたときに油の吸いすぎを防げます。

**memo3 / 仕上げのポイント**
- 調味料にとろみが出て、具材によくからむまで火にかけます。
- 最後は風味付けにごま油をかけます。

# マヨぽん® チキン

マヨネーズと「味ぽん®」のとろりとしたたれがおいしい、ごはんに合うおかず。
ブラックペッパーの量はお好みで調節してください。

| ¥ 費用 **121** 円 | ⏱ 調理 **15** 分 | ❄ 冷凍 **OK** | 🗄 保存 冷蔵5日間 | 🗃 保存容器 **800ml** | 📱 お弁当に |

## 材料（4人分）

| 鶏もも肉 ………………… 約400g | B 味ぽん® …………… 大さじ2.5 |
|---|---|
| A 塩 ………………… 少々 | マヨネーズ ……………… 大さじ2 |
| ブラックペッパー ……… 少々 memo1 | サラダ油 ………………… 大さじ1 |

**1** 鶏肉を室温に戻し、余分な脂を取り除いてフォークなどで数カ所穴をあける。memo2 食べやすい大きさに切り、Aをふる。Bはボウルで混ぜ合わせる。

**2** フライパンにサラダ油を熱し、鶏肉を皮目を下にして入れ、中火で焼く。皮目に焼き色がついたら裏返して、もう片面も焼き色がつくまで焼く。

**3** 鶏肉を端によせ、フライパンの余分な油をキッチンペーパーでしっかりとふき取る。

**4** あいたスペースにBを入れ、とろりと煮詰めたら、味が全体にからむよう炒め合わせる。memo3

## ☑メモ

**memo1 / ブラックペッパーの量**
- ブラックペッパーはお好みで多めにふって、がっつり味にしてもおいしいです。

**memo2 / 鶏肉は室温に戻す**
- 冷たいまま焼くと火の通りにムラが出て、肉汁も流れ出てしまうので、焼く前に室温に戻しておきます。15〜30分は室内に置いておくとよいです。

**memo3 / 味付けのポイント**
- マヨネーズを使うため、余分な油はキッチンペーパーでしっかりとふき取ります。
- 調味料の水分量が多いので、ある程度とろりとするまで煮詰めてから、鶏肉と炒め合わせます。煮詰めると味も凝縮されます。

## 栄養成分値

| | |
|---|---|
| エネルギー | 281kcal |
| 食塩相当量 | 1.3g |
| たんぱく質 | 17.1g |
| 脂質 | 21.7g |
| 炭水化物 | 1.6g |
| 食物繊維 | 0g |
| 糖質 | 1.6g |
| 野菜重量 | 0g |

（1人分あたり）

# 豚とキャベツのみぞれ煮

キャベツと大根の水分で煮るので、野菜の旨みがぎゅっと凝縮。
大根おろしと「味ぽん®」のさっぱり味がうれしいおかずです。

| ¥ 費用 | 調理 | 保存 | 保存容器 | 野菜 |
|---|---|---|---|---|
| **177** 円 | **15** 分 | 冷蔵 5日間 | 1200ml | 60g以上 |

## 材料（4人分）

豚ロース薄切り肉 ……………… 約300g
キャベツ ……………… ¼玉（約250g）
大根 ……………… ⅙本（約200g）

Ⓐ　酒 ……………… 大さじ1
　｜　塩 ……………… 小さじ¼
味ぽん® ……………… 大さじ5
小ねぎ ……………… 好みで

## 作り方

**1** キャベツは水洗いして水けを切り、5mm幅に切る。大根は皮をむき、すりおろす。

**2** フライパンにキャベツ、豚肉、すりおろした大根（汁ごと）の順番で、広げて重ね入れる。

**3** 🅰をふり、ふたをしたら中火で5分ほど蒸し焼きにする。
memo1

**4** ふたを取り「味ぽん®」を入れたら、豚肉をほぐしながら全体をかき混ぜる。そのままさらに2〜3分ほど煮る。memo2

**5** 食べるときは好みで小ねぎを散らす。

### 栄養成分値

| | |
|---|---|
| エネルギー | 235kcal |
| 食塩相当量 | 2.2g |
| たんぱく質 | 16.3g |
| 脂質 | 14.6g |
| 炭水化物 | 7.5g |
| 食物繊維 | 1.6g |
| 糖質 | 5.8g |
| 野菜重量 | 98g |

（1人分あたり）

### 📝メモ

**memo1 / 蒸し焼きのポイント**
・ 豚肉どうしでくっつかないよう、なるべく重ならないように広げてフライパンに入れます。
・ 蒸し焼きにしてキャベツから水分を出します。その水分と大根のおろし汁で煮ます。

**memo2 / 煮るときのポイント**
・ 味がいきわたるよう、一度全体をかき混ぜます。蒸し焼きのときに食材に火は通るので、時間は短めでよいです。冷める過程でも味は入ります。

# 玉ねぎ豚巻きの
# ぽん酢照り焼き

蒸し焼きにした玉ねぎのとろりとした甘さが際立つ肉巻きです。
子どもも大人も大好きな照り焼き味で、思わず箸が進みます。

| ¥ 費用 197円 | 🕐 調理 20分 | ❄ 冷凍 OK | 保存 冷蔵5日間 | 保存容器 800ml | お弁当に | 🍳 野菜 60g以上 |

---

## 材料（3人分）

豚バラ薄切り肉 ……………… 約250g
玉ねぎ ……………… 1個（約300g）
**A** 塩 ……………………………… 少々
└ ブラックペッパー ……………… 少々

**B** 味ぽん® ……………………… 大さじ3
└ みりん、砂糖 ………… 各大さじ1
サラダ油 …………………………… 大さじ½

## 作り方

**1** 玉ねぎは皮をむき、1cm幅の半月切りにする。

**2** フライパンにサラダ油をひく。豚肉で玉ねぎを巻いたら、巻きおわりを下にしてフライパンに並べ、**A**をふる。memo1

**3** 中火にかけ、片面がこんがりと焼けたら裏返す。ふたをし、弱火で8分ほど蒸し焼きにする。memo2

**4** ふたを取り、フライパンの余分な油をキッチンペーパーでふき取る。**B**をまわし入れ、よく煮からめる。memo3

### 📝メモ

**memo1 / 下準備**
- 焦げつかない加工のフライパンを使うなら、油はひかなくてもよいです。
- 豚肉は、気持ちキツめを意識して巻きます。
- 豚肉をぐるぐる巻きすぎると厚みが出て中まで火が通らないので、余った部分は切ってください。

**memo2 / 蒸し焼きにする**
- 弱火で蒸し焼きにすることで、豚肉は焦がさず、玉ねぎは中までしっかりと火を通します。

**memo3 / 仕上げのポイント**
- 持ち上げるときにほどけないよう気をつけながら、両面ともに照りが出るまでよく煮からめます。

### 栄養成分値

| | |
|---|---|
| エネルギー | 425kcal |
| 食塩相当量 | 1.7g |
| たんぱく質 | 13.8g |
| 脂質 | 31.6g |
| 炭水化物 | 17.3g |
| 食物繊維 | 1.8g |
| 糖質 | 15.5g |
| 野菜重量 | 110g |

（1人分あたり）

# ひき肉と白菜の
# さっぱり旨辛煮

「味ぽん®」の風味と豆板醤のピリッとしたアクセントで、
とろとろ白菜にしみ込んだ豚ひき肉の旨みが際立つおかずです。

| ¥ 費用 131円 | ⏱ 調理 20分 | ❄ 冷凍 OK | 🗄 保存 冷蔵5日間 | 📦 保存容器 850ml | 🍱 お弁当に | 🥕 野菜 60g以上 |

## 材料（4人分）

| 豚ひき肉 ········· 約300g | Ⓐ 味ぽん® ·········· 大さじ3 |
| 白菜 ········ ¼株（約600g） | 　 砂糖 ········· 大さじ1 |
| | 　 豆板醤 ········· 小さじ1 |
| | サラダ油 ········· 大さじ1 |
| | ごま油 ········· 大さじ1 |

## 作り方

**1** 白菜は水洗いして水けを切り、根元を切り落とし、1cm幅に切る。

**2** 深型フライパンまたは大きめの鍋にサラダ油を熱し、豚肉を入れ、中火でほぐしながら色が変わるまで炒める。炒めたら、キッチンペーパーでフライパン（または鍋）の余分な油をふき取る。memo1

**3** 白菜の芯の部分を入れ、しんなりするまで炒め合わせる。memo2

**4** 白菜の葉、🅐を入れ、ふたをして3分ほど蒸し焼きにする。

**5** 白菜から水分が出てきたらふたを取り、一度全体をよくかき混ぜる。再びふたをして、10分ほど煮たら火を止め、ごま油をまわしかける。memo3

### 栄養成分値

| | |
|---|---|
| エネルギー | 270kcal |
| 食塩相当量 | 1.4g |
| たんぱく質 | 15.0g |
| 脂質 | 19.1g |
| 炭水化物 | 8.5g |
| 食物繊維 | 1.9g |
| 糖質 | 6.5g |
| 野菜重量 | 141g |

（1人分あたり）

### 📝メモ

**memo1 / 油はひかなくても**
・焦げつかない加工のフライパン（または鍋）を使うなら、油はひかなくてもよいです。

**memo2 / 白菜は芯を先に炒める**
・芯を炒める前に油をふき取ることで、豚肉から出たくさみも取り除けます。
・芯は葉よりも固くて火が通りにくいので、先に炒めます。

**memo3 / 煮るときのポイント**
・はじめは煮汁が少なく感じるかもしれませんが、蒸し焼きにすると白菜から水分がどんどん出てきます。
・豆板醤をよく溶かし、具材にまんべんなく火が通るよう、一度全体をよくかき混ぜます。

# ぽん酢ケチャップ肉だんご

「味ぽん®」の風味とトマトケチャップの濃厚な旨み、
肉だんごの香ばしい肉汁がおいしくマッチしたおかずです。

| ¥ 費用 169円 | 調理 30分 | ❄ 冷凍 OK | 保存 冷蔵5日間 | 保存容器 800ml | お弁当に |
|---|---|---|---|---|---|

## 材料（4人分）

| | | | | |
|---|---|---|---|---|
| 豚ひき肉 ……………………… 約500g | | **B** | 味ぽん® ……………………… 大さじ2 | |
| 玉ねぎ ……………… ½個（約150g） | | | トマトケチャップ ………… 大さじ2 | |
| **A** 片栗粉 ………………………… 小さじ2 | | 揚げ油 ………… 適量（大さじ4程度） | | |
| 塩 …………………………… 小さじ½ | | | | |
| しょうが（チューブ）………… 4cm | | | | |

**1** 玉ねぎは皮をむき、みじん切りにする。

**2** ボウルに豚肉を入れ、粘りが出るまでこねたら**1**と🅐を入れ、さらによくこねる。こねおわったら、ラップをして冷蔵庫で30分〜1時間ほど寝かせる。memo1

**3** **2**を冷蔵庫から出し、手で丸く成形する。memo2

**4** フライパンに揚げ油を熱し、**3**を入れる。菜箸で転がしながら強めの中火で5分ほど揚げ焼きにし、竹串をさして透明な肉汁が出てきたら金網に取り出す。memo3

**5** ボウルで🅑を混ぜ合わせる。

**6** フライパンに残った揚げ油を除いたら**5**を入れ、弱めの中火にかける。ふつふつと煮立ったら**4**を入れ、転がしながらからめる。memo4

### 栄養成分値

エネルギー ………… 331kcal
食塩相当量 …………… 1.8g
たんぱく質 ………… 23.0g
脂質 ………………… 21.9g
炭水化物 ……………… 7.6g
食物繊維 ……………… 0.7g
糖質 …………………… 6.8g
野菜重量 ……………… 35g

（1人分あたり）

※栄養成分は揚げ油を5%摂取するとして算出。

### 📝メモ

**memo1 / 肉だね作りのポイント**
- 寝かせることで味がなじみ、丸めやすくなります。前日の夜に仕込んでも。
- 料理用の使い捨て手袋を使用すれば、手が汚れません。

**memo2 / 肉だんごの大きさ**
- 直径4cmくらいで丸めると、レシピの分量で11〜12個ほどできます。揚げると少し縮むので、気持ち大きめに成形するとよいです。

**memo3 / 揚げ焼きのポイント**
- 全面がまんべんなく揚がるよう、菜箸で転がします。
- 小さめのフライパンだと、少ない油でも肉だんごの揚げ焼きがしやすいです。

**memo4 / たれのからめ方**
- 揚げ焼き後に残った揚げ油は、オイルポットに集めたりキッチンペーパーでふき取るなどして除きます。
- ケチャップは飛び散りやすく焦げやすいので、適宜火加減を調節してください。

# サバ缶と玉ねぎのぽん酢煮

缶詰を使うから手間いらず。魚を食べたいときに便利なおかずです。
玉ねぎにサバ缶の汁と「味ぽん®」の風味がしみ込んで美味。

| ¥ 費用 | 調理 | 保存 | 保存容器 |
|---|---|---|---|
| 92円 | 15分 | 冷蔵4日間 | 540ml |

## 材料（3人分）

サバ缶（水煮）·········· 2缶（約320g）
玉ねぎ ················· ½個（約150g）

Ⓐ 味ぽん® ···················· 大さじ3
  酒 ························· 大さじ2

小ねぎ ··························· 好みで

## 作り方

**1** 玉ねぎは皮をむき、薄切りにする。memo1

**2** 深型フライパンまたは鍋に、玉ねぎ、サバ缶（缶汁ごと）を入れる。その上から **A** をまわしかけたらふたをし、中火で煮立たせる。memo2

**3** 煮立ったらふたを取り、ときどきかき混ぜながら10分ほど煮る。memo3

**4** 食べるときは好みで小ねぎを散らす。

### 📝 メモ

**memo1 / 玉ねぎはできるだけ薄く切る**
・短時間でも火が通るよう、できるだけ薄く切ります。スライサーがあるとラクです。

**memo2 / 玉ねぎは下にする**
・玉ねぎにしっかり火を通したいので、サバ缶より先に入れ、煮汁にひたします。

**memo3 / 煮るときのポイント**
・焦がさないように気をつけ、火力が強いと感じたら調節してください。
・サバの身が大きい場合は、かき混ぜながら適当な大きさに崩します。ただ、崩れやすいので、かき混ぜすぎないよう注意します。

### 栄養成分値

エネルギー ………… 242kcal
食塩相当量 …………… 2.4g
たんぱく質 …………… 23.5g
脂質 ………………… 11.5g
炭水化物 ……………… 6.9g
食物繊維 ……………… 0.8g
糖質 ………………… 6.1g
野菜重量 ……………… 47g
（1人分あたり）

# 鶏のさっぱり煮

まろやかな酸味で食が進む、鶏手羽元のさっぱり煮。
ゆで卵も一緒に煮るので満足感もばつぐん。「カンタン黒酢」でもおいしく作れます。

| ¥ 費用 300円 | ⏱ 調理 30分 | 🗄 保存 冷蔵4日間 | 🗄 保存容器 800ml | ⊡ お弁当に |
|---|---|---|---|---|

## 材料（2人分）

| | |
|---|---|
| 鶏手羽元 ……………………… 8本 | |
| ゆでブロッコリー memo1 …………… 適量 | |
| ゆで卵 memo2 …………………… 2個 | |
| しょうが ……………………… 1かけ | |
| にんにく ……………………… 1かけ | |

🅐 カンタン酢™ …………… ¾カップ
　しょうゆ ………………… 大さじ1

**1** 鶏肉の表面の水けをキッチンペーパーでよくふく。

**2** しょうがは皮つきのまま薄切りにし、にんにくは軽く潰す。

**3** 鍋に▲と**2**を入れ、煮立たせる。煮立ったら鶏肉とゆで卵を入れ、ふたをして中火で煮汁が½〜⅓程度になるまで20分ほど煮る。memo3

**4** 食べるときはゆでたブロッコリーをそえる。

## 📝メモ

**memo1 / ブロッコリーのゆで方**
- 水洗いしたら小房に切り分け、鍋にたっぷりの水と塩小さじ1を入れて2〜3分ゆでます。1株の大きさにバラつきがあるのでゆで時間は目安です。
- 冷ますときは、水につけずに自然に冷まします。

**memo2 / ゆで卵の作り方**
- 卵は冷蔵庫から出して室温に戻し、7分ほどゆでます（固ゆでの場合は約10分）。
- ゆであがったらすぐに冷水で冷やすと、殻がむきやすいです。

**memo3 / 鍋の選び方**
- ステンレスまたは樹脂加工した鍋を使用してください。

**memo4 / 保存のポイント**
- 容器に入れるときは、にんにく、しょうがは茶こしなどで取り除くとよいです。
- ゆで卵が崩れないよう、容器に移すときは鶏肉から入れます。

## 栄養成分値

エネルギー ………… 484kcal
食塩相当量 …………… 3.2g
たんぱく質 ………… 38.8g
脂質 ………………… 27.1g
炭水化物 …………… 16.9g
食物繊維 …………… 0.8g
糖質 ………………… 16.1g
野菜重量 …………… 19g
（1人分あたり）

# さっぱりチキンの
# おかずサラダ

鶏肉とペンネが入っているので、サラダだけど満足感はばつぐん。
メインのおかずとしてたっぷり召し上がってください。

| ¥ 費用 | ⏱ 調理 | 保存 | 保存容器 | お弁当に |
|---|---|---|---|---|
| **120**円 | **20**分 | 冷蔵**3**日間 | **800**ml | |

## 材料（4人分）

鶏もも肉 ················· 約300g
**A** 塩 ······················· 少々
└ ブラックペッパー ··········· 少々
ブロッコリー ················· ½株
ペンネ ····················· 50g

**B** カンタン酢™ ·············· 大さじ4
マヨネーズ ·············· 大さじ1
しょうゆ ················ 小さじ⅓
ブラックペッパー ·········· 好みで

## 作り方

**1** 鶏肉は室温に戻し、余分な脂を取り除いたら2cm角に切り、A
をふる。memo1

**2** フライパンに鶏肉を皮目を下にして入れ、中火で両面とも焼く。
火が通ったら火を止め、鶏肉のまわりの余分な油をキッチンペー
パーでふき取る。

**3** 鍋に水1l（分量外）と塩小さじ1（分量外）を入れ、強めの中火
で沸かす。ブロッコリーは水洗いしたら小さめの小房に切り分け、
2〜3分ほどゆでて、ざるにあげる。湯は捨てないこと。

**4** 再度、強めの中火で**3**の湯を沸かす。ペンネを入れ、標準のゆ
で時間より2分短くゆでてて、ざるにあげる。memo2

**5** 鍋やボウルでBを混ぜ合わせる。すべての具材を入れ、よく和
える。

### 栄養成分値

エネルギー ………… 248kcal
食塩相当量 …………… 1.2g
たんぱく質 ………… 14.7g
脂質 ………………… 13.2g
炭水化物 …………… 15.6g
食物繊維 ……………… 1.0g
糖質 ………………… 14.6g
野菜重量 ……………… 16g

（1人分あたり）

### 📝メモ

**memo1 / 小さめに切る**
・鶏肉とブロッコリーは、味がからみやすく、そして食べやす
いよう、どちらも小さめに切ります。

**memo2 / ペンネのゆで方**
・ブロッコリーをゆでた湯を再利用してゆでます。
・作り置きの場合、袋に記載してある標準の時間より2分ほ
ど短くゆでます。固ゆですることで、時間がたってもおいし
い食感をキープできます。

# えのきの豚巻き

かむと口の中にえのきの風味と肉汁がじゅわっと広がる、
満足度の高いがっつりおかず。まろやかな酸味があとを引くおいしさ。

| ¥ 費用 132円 | ⏱ 調理 15分 | ❄ 冷凍 OK | 保存 冷蔵5日間 | 保存容器 800ml | ・日 お弁当に |
|---|---|---|---|---|---|

| 材料（4人分） |
|---|

豚バラ薄切り肉‥8〜10枚（約200g）
えのき茸‥‥‥‥‥‥‥‥1袋（約200g）
しょうが‥‥‥‥‥‥‥‥‥‥‥1かけ
🅐 塩‥‥‥‥‥‥‥‥‥‥‥‥‥少々
　│ ブラックペッパー‥‥‥‥‥‥少々

🅑 カンタン酢™‥‥‥‥‥‥‥大さじ4
　│ 追いがつお®つゆ（2倍）
　　　‥‥‥‥‥‥‥‥‥‥大さじ1.5
いりごま‥‥‥‥‥‥‥‥‥‥好みで
サラダ油‥‥‥‥‥‥‥‥‥大さじ½

**1** えのき茸は石づきを切り落とし、8〜10束に分ける。しょうがは皮をむき、すりおろす。

**2** 豚肉でえのき茸を巻き、🅐をふる。

**3** フライパンにサラダ油をひき、火はつけずに**2**の巻きおわりを下にしてフライパンに並べる。並べおわったら、中火で豚肉の表面全体の色が変わるまで焼く。memo1

**4** フライパンの余分な油をキッチンペーパーでふき取る。🅑、しょうがを入れ、照りが出るまで煮からめる。

**5** 食べるときは、食べやすい大きさに切り分け、好みでいりごまをかける。memo2

## 栄養成分値

| | |
|---|---|
| エネルギー | 247kcal |
| 食塩相当量 | 1.2g |
| たんぱく質 | 8.5g |
| 脂質 | 19.3g |
| 炭水化物 | 9.6g |
| 食物繊維 | 1.7g |
| 糖質 | 7.9g |
| 野菜重量 | 2g |

（1人分あたり）

## 📝メモ

**memo1 / 焼くときのポイント**
- 焦げつかない加工のフライパンを使う場合は、油はひかなくてもよいです。
- 巻いた豚肉がほどけないよう、巻きおわり面を下にして焼きはじめます。

**memo2 / 食べるときに切り分ける**
- 焼いたあとすぐに切り分けると、切り口から肉汁が流れ出てしまいます。切り分けるのは、食べる直前がよいです。

# 鶏肉のガーリックバター炒め

作り方も材料もとてもシンプル。ふわっと広がるにんにくの香りと
バターの香ばしさがたまらない、ごはんが進む一品です。

| ¥ 費用 | 調理 | 保存 | 保存容器 | お弁当に |
|---|---|---|---|---|
| 128円 | 15分 | 冷蔵5日間 | 800ml | |

## 材料（4人分）

| | |
|---|---|
| 鶏もも肉 …………………………… 約400g | A カンタン酢™ ……………… 大さじ3 |
| にんにく …………………………… 1かけ | 塩 …………………………… 小さじ½ |
| バター ……………………………… 20g | |

## 作り方

**1** 鶏肉は余分な脂を取り除き、フォークなどで数カ所穴をあけ、3〜4cm角に切る。にんにくは薄切りにする。

**2** ジッパー付き保存袋に鶏肉、にんにく、Ａを入れ、袋の上から手でもみ込み、冷蔵庫で20分〜ひと晩おく。

**3** フライパンにバターを熱し、**2**を漬け汁ごと入れて、中火で5〜6分かけて焼く。memo1

**4** 強火にし、余分な水分を飛ばし、焼き色をつける。memo2

## 栄養成分値

エネルギー ………… 259kcal
食塩相当量 …………… 1.6g
たんぱく質 ………… 16.7g
脂質 ………………… 18.3g
炭水化物 …………… 4.4g
食物繊維 …………… 0.1g
糖質 ………………… 4.3g
野菜重量 ……………… 1g

（1人分あたり）

## 📝 メモ

**memo1 / 焼くときのポイント**
・鶏肉は焼く前に室温に戻しておきます。
・なるべく動かさずに、片面2〜3分ずつ焼きます。

**memo2 / 仕上げのポイント**
・焼き色をつけたほうが香ばしくおいしいです。火を強めると、その分焦げやすくなるので、こまめに様子を見て仕上げます。

# 豚しゃぶ酢みそだれ

さっと湯通しして和えるだけなのに、食卓の主役を飾れる優秀メニュー。
冷凍保存しておけば、使い勝手もばつぐんです。

| ¥ 費用 | 調理 | ❄ 冷凍 | 保存 | 保存容器 | |
|---|---|---|---|---|---|
| 180円 | 15分 | OK | 冷蔵5日間 | 800ml | お弁当に |

## 材料（4人分）

豚ロース薄切り肉 ⋯⋯⋯⋯⋯ 約350g
**A** カンタン酢™ ⋯⋯⋯⋯ 大さじ3
  みそ ⋯⋯⋯⋯⋯⋯⋯ 大さじ2
  からし（チューブ）⋯⋯⋯⋯ 3cm

大葉 ⋯⋯⋯⋯⋯⋯⋯⋯⋯ 好みで

## 作り方

**1** Ａを大きめのボウルで混ぜ合わせる。

**2** 大きめの鍋にたっぷりの水（分量外）を入れて火にかけ、沸騰する直前で火を止める。memo1

**3** 豚肉を1枚ずつ広げて鍋に入れる。一度にゆでる枚数は6枚くらいにして、火が通ったら順番にざるにあげる。memo2

**4** 豚肉が冷めないうちに**1**のボウルに入れ、よく和える。memo3

**5** 手順**3**、**4**を繰り返し、豚肉をすべて和える。食べるときは好みで大葉をそえる。

### 📋メモ

**memo1 / 湯は沸騰させない**
・ 沸騰している湯だと豚肉が固くなってしまうので、ふつふつしてきたら火を止めます。

**memo2 / ゆでるときのポイント**
・ 豚肉の赤い部分がなくなるまで、しっかり火を通します。
・ ゆでているあいだに湯の温度は下がっていくので、数枚ゆでたら、また沸騰直前まで温め直してください。

**memo3 / 和えるときのポイント**
・ 豚肉が乾燥してパサつかないよう、冷めないうちに手早く和えて、たれをまんべんなくからませます。

### 栄養成分値

| | |
|---|---|
| エネルギー | 264kcal |
| 食塩相当量 | 1.8g |
| たんぱく質 | 18.0g |
| 脂質 | 17.4g |
| 炭水化物 | 6.3g |
| 食物繊維 | 0.4g |
| 糖質 | 5.8g |
| 野菜重量 | 0g |

（1人分あたり）

# 焼きキャベツと
# 豚こま甘酢炒め

「カンタン酢™」としょうゆの甘辛い味付けに豚肉のコクが加わり、
蒸し焼きにしたキャベツとからまるやみつき味。

| ¥ 費用 124円 | 調理 15分 | 保存 冷蔵5日間 | 保存容器 800ml | お弁当に | 野菜 60g以上 |

## 材料（3人分）

豚こま切れ肉 ················· 約250g
キャベツ ··············· ¼玉（約250g）
**A** 酒 ···························· 大さじ2
　　塩 ························· 小さじ⅓

サラダ油 ······················· 大さじ½
**B** カンタン酢™ ··············· 大さじ4
　　しょうゆ ················· 大さじ1
いりごま ······················· 小さじ1

## 作り方

**1** 豚肉を細切りにする。キャベツは水洗いして水けを切ってから細切りにする。

**2** フライパンにキャベツを入れ、🅐をふり、ふたをして中火で3分ほど蒸し焼きにする。しんなりして火が通ったら火を止め、保存容器に移す。memo1

**3** フライパンの水けをキッチンペーパーでふき取る。サラダ油を熱したら豚肉を入れ、中火で表面の色が変わるくらいまで炒める。🅑を入れ、強火で汁けが飛んで照りが出るまで炒める。memo2

**4** 火を止め、いりごまをふって全体をかき混ぜる。炒めた豚肉をキャベツの上にのせる。

### 栄養成分値

エネルギー ………… 264kcal
食塩相当量 …………… 2.6g
たんぱく質 ………… 17.0g
脂質 ………………… 14.8g
炭水化物 …………… 12.2g
食物繊維 …………… 1.4g
糖質 ………………… 10.8g
野菜重量 …………… 71g

（1人分あたり）

### 📝メモ

memo1 / キャベツの蒸し焼き
・葉と芯を切り分けたら、芯は葉よりも固くて火が通りにくいので、薄く切ります。
・酒と塩をふって蒸し焼きにすることで、短時間でも火が通り、キャベツが持つ甘みも引き出せます。

memo2 / 豚こま切れ肉の炒め方
・豚こま切れ肉は形が不ぞろいでお互いがくっつきやすいので、菜箸で適宜ほぐしながら炒めます。

# 牛肉とれんこんの炒め煮

「カンタン酢™」としょうゆが牛肉の旨みとコクを引き出します。
れんこんのしゃきしゃきした歯ざわり、ごまの香ばしさがたまらない一品。

| ¥ 費用<br>289円 | ⏱ 調理<br>20分 | ❄ 冷凍<br>OK | 保存<br>冷蔵5日間 | 保存容器<br>800ml | ・田<br>お弁当に |
|---|---|---|---|---|---|

## 材料（4人分）

| | |
|---|---|
| 牛こま切れ肉 ······ 約250g | |
| れんこん ······ 1節（約150g） | |
| ごま油 ······ 大さじ1 | |

| Ⓐ | |
|---|---|
| カンタン酢™ ······ 大さじ4 | |
| しょうゆ ······ 大さじ1.5 | |
| 水 ······ 50ml | |
| いりごま ······ 小さじ2 | |

**1** ケトルなどで湯を沸かす。れんこんは皮をむき、2〜3mm
厚さの半月切りにしてから水にさらす。

**2** 大きめの耐熱ボウルに湯を入れ、牛肉をさっとくぐらせ、ざ
るにあげる。memo1

**3** フライパンにごま油を熱し、水けを切ったれんこんを中火
で炒める。

**4** 3に **A** を入れ、強めの中火で煮立たせる。

**5** 4に牛肉を入れ、弱めの中火で5分ほど煮たら火を止め、
いりごまをふる。memo2

<table>
<tr><td colspan="2">栄養成分値</td></tr>
</table>

| | |
|---|---|
| エネルギー | 281kcal |
| 食塩相当量 | 1.8g |
| たんぱく質 | 11.5g |
| 脂質 | 20.3g |
| 炭水化物 | 11.0g |
| 食物繊維 | 0.8g |
| 糖質 | 10.2g |
| 野菜重量 | 30g |

（1人分あたり）

### 📝 メモ

**memo1 / 牛肉は湯通しする**
- 湯通しすることで、アクやくさみが取れておいしく仕上がり
ます。私は電気ケトルで沸かした湯を使っています。
- 熱湯に入れると肉が固くなってしまうので、沸騰の一歩手前
くらいの温度の湯がよいです。

**memo2 / 仕上げのポイント**
- 目安として、煮汁がごく少量残るくらいまで煮込みます。

# あじの大葉くるくる巻き

「カンタン酢™」としょうゆのたれが、焼いたあじの脂に
じゅわっとからまるおいしい一品。大葉でさっぱりいただけます。

| ¥ 費用 103円 | 調理 10分 | 保存 冷蔵4日間 | 保存容器 800ml | お弁当に |

## 材料（3人分）

あじの切り身 memo1 …… 6枚（約220g）
大葉 ……………………………… 12枚
塩 …………………………………… 少々

**A** カンタン酢™ ……………… 大さじ2
　| しょうゆ ……………………… 小さじ1
サラダ油 ………………………… 大さじ1

## 作り方

**1** あじは塩をふり、1分ほど待ったら、キッチンペーパーで表面の水分をおさえて取る。大葉は軸を切り落とす。

**2** あじを広げて、その上に大葉を2枚並べて置く。頭のほうからくるくると巻き、巻きおわりをつまようじでさしてとめる。これを6個作る。

**3** フライパンにサラダ油を熱し、中火で**2**を両面とも焼き色がつくまで焼く。memo2

**4** Ａを入れ、よくからめる。

### 栄養成分値

エネルギー ………… 146kcal
食塩相当量 …………… 1.2g
たんぱく質 …………… 14.7g
脂質 …………………… 7.3g
炭水化物 ……………… 4.0g
食物繊維 ……………… 0.2g
糖質 …………………… 3.8g
野菜重量 ………………… 3g
（1人分あたり）

### メモ

memo1 / あじについて
・3枚おろしのほか、刺身用やフライ用として売られているものでもよいです。刺身用は皮が取られていて身崩れしやすいので、やさしく扱ってください。

memo2 / トングを使う
・焼くときはトングがあると助かります。しっかりつかめるので、身崩れも防げて、裏返すときもラクです。

47

# 豚バラこんにゃくの旨辛炒め

ピリ辛だれに溶け出した豚バラ肉の脂がこんにゃくにからみ、
こんにゃくが主役級のおいしさに。歯ごたえも楽しい一品です。

| ¥ 費用 | 調理 | 保存 | 保存容器 | ・日 |
|--------|------|------|----------|------|
| **238円** | **15分** | 冷蔵5日間 | 800ml | お弁当に |

## 材料（3人分）

豚バラ薄切り肉 ················ 約300g
板こんにゃく ·········· 1枚（約250g）
**A** 塩 ···································· 少々
　 ブラックペッパー ················· 少々

**B** 追いがつお®つゆ（2倍）·· 大さじ3
　 コチュジャン ················ 大さじ1
サラダ油 ··························· 大さじ½
小ねぎ ······························· 好みで

## 作り方

**1** 豚肉を食べやすい大きさに切り、Aをふる。こんにゃくは細切りにし、鍋で湯を沸かして3分ほどゆでたら、ざるにあげて水けを切る。Bはボウルでよく混ぜ合わせる。memo1

**2** フライパンにサラダ油を熱したら豚肉を入れ、中火で表面の色が変わるくらいまで炒める。

**3** フライパンの余分な油をキッチンペーパーでふき取る。こんにゃくを入れ、ある程度水分が飛ぶまで炒め合わせる。memo2

**4** Bを入れ、全体に味がいきわたるよう炒め合わせる。memo3

**5** 食べるときは好みで小ねぎを散らす。

### 栄養成分値

エネルギー ………… 442kcal
食塩相当量 …………… 1.7g
たんぱく質 ………… 15.1g
脂質 …………………… 37.5g
炭水化物 ……………… 7.3g
食物繊維 ……………… 1.8g
糖質 …………………… 5.4g
野菜重量 ………………… 0g

（1人分あたり）

### 📝 メモ

memo1 / 下ごしらえ
- こんにゃくは下ゆですることで、くさみが消えて味もしみ込みやすくなります。
- コチュジャンがだまにならないよう、よく混ぜ合わせておきます。

memo2 / 炒めるときのポイント
- 焦げつかない加工のフライパンを使う場合、油はひかなくてもよいです。
- こんにゃくからキューキューと音がなるくらいまで炒めると、余分な水分が抜けて、歯ごたえもよくなります。

memo3 / 仕上げのポイント
- 調味料の水分が飛んで、しっかり全体にからむまで炒め合わせます。

# オクラのとろみあん 豆腐ハンバーグ

ふわふわ豆腐ハンバーグにとろみあんがよく合います。
オクラをお好きな野菜に替えてアレンジしてもおいしくいただけます。

| ¥ 費用 | 調理 | 冷凍 | 保存 | 保存容器 | お弁当に |
|---|---|---|---|---|---|
| 125円 | 30分 | OK | 冷蔵4日間 | 800ml | |

## 材料（4人分）

| | | | | |
|---|---|---|---|---|
| 鶏むねひき肉 | 約300g | **B** | 追いがつお®つゆ（2倍） | 大さじ4 |
| 絹ごし豆腐 | ½丁（約175g） | | 水 | 大さじ5 |
| **A** 片栗粉 | 大さじ1 | **C** | 片栗粉 | 小さじ2 |
| 塩 | 小さじ½ | | 水 | 大さじ2 |
| オクラ | 5〜6本 | | サラダ油 | 大さじ1 |

## 作り方

**1** 豆腐は上下をキッチンペーパーではさみ、上に重しをのせて水切りする。memo1

**2** ボウルに鶏肉、豆腐を入れ、粘りが出るまでこねる。🅐を入れ、さらによくこねたらラップをし、冷蔵庫で30分～1時間ほど寝かせる。memo2

**3** 2を冷蔵庫から出して8等分して成形し、サラダ油をひいたフライパンに並べる。すべて並べたら、強火で2分ほど焼く。

**4** 裏返してふたをし、中火で6分ほど蒸し焼きにして、保存容器に移す。memo3

**5** オクラはへたを切り落とし、がくをぐるりとむき取る。塩小さじ½（分量外）をふって板ずりをし、輪切りにする。

**6** フライパンの汚れをキッチンペーパーでふき取ったら🅑を入れ、ふたをして煮立たせる。煮立ったら弱めの中火にし、オクラを入れて2分ほど煮る。

**7** 6を弱火にしたらふたを取り、混ぜ合わせた🅒をまわし入れる。とろみがつくまでかき混ぜたら、4にかける。memo4

### 📝 メモ

**memo1 / 豆腐の水切り**
- しっかり水切りできるよう、半分の厚さに切ります。
- 水切りはだいたい30分くらいかかります。

**memo2 / 肉だね作りのポイント**
- 先に豆腐をある程度潰すと、こねやすくなります。
- 寝かせることで味がなじみ、成形もしやすくなります。
- 片栗粉を入れることで、食感に弾力が出ます。

**memo3 / 焼くときのポイント**
- 豆腐ハンバーグはやわらかいので、裏返すときはやさしく扱います。

**memo4 / あん作りのポイント**
- 火力が強いとだまになりやすいので、火を弱めてから水溶き片栗粉を入れます。

### 栄養成分値

| | |
|---|---|
| エネルギー | 219kcal |
| 食塩相当量 | 1.8g |
| たんぱく質 | 15.9g |
| 脂質 | 13.3g |
| 炭水化物 | 7.2g |
| 食物繊維 | 0.9g |
| 糖質 | 6.3g |
| 野菜重量 | 15g |

（1人分あたり）

# 厚揚げそぼろのみそ炒め

表面はパリッと中はふんわりと仕上げた厚揚げに、
みその風味とかつおだし香るコク旨そぼろがベストマッチのおかずです。

| ¥ 費用 114円 | 調理 15分 | 保存 冷蔵4日間 | 保存容器 800ml | お弁当に |
|---|---|---|---|---|

## 材料（4人分）

鶏ももひき肉 ……………………… 約250g
厚揚げ豆腐 ………………… 1丁（約250g）

Ⓐ 追いがつお®つゆ（2倍）‥ 大さじ2
みそ ……………………………… 大さじ1
サラダ油 ……………………… 大さじ½
いりごま ……………………… 小さじ1

**1** 厚揚げは表面の余分な油や水けをキッチンペーパーでふき取り、食べやすい大きさに切る。

**2** Aをボウルでよく混ぜ合わせる。memo1

**3** フライパンにサラダ油を熱し、厚揚げを入れ、中火で表面に焼き色がつくまで焼く。

**4** 厚揚げを端によせ、あいたスペースに鶏肉を入れ、ほぐしながらそぼろ状に炒める。炒めたら、フライパンの余分な油をキッチンペーパーでふき取る。

**5** 弱火にし、Aをまわし入れ、厚揚げが崩れないよう全体をやさしく炒め合わせる。memo2

**6** だいたい汁けが飛んだら火を止める。いりごまをふり、軽くかき混ぜる。

## 栄養成分値

エネルギー ………… 242kcal
食塩相当量 …………… 1.1g
たんぱく質 …………… 18.5g
脂質 …………………… 16.7g
炭水化物 ……………… 2.8g
食物繊維 ……………… 0.8g
糖質 …………………… 2.1g
野菜重量 ………………… 0g
(1人分あたり)

## 📝メモ

**memo1 / 調味料はよく混ぜ合わせる**
- みそは溶けづらいため、「追いがつお®つゆ（2倍）」と合わせて、だまにならないようしっかり混ぜ合わせておきます。

**memo2 / 炒めるときのポイント**
- 厚揚げは表面をパリッと焼くことで香りがよくなり、中と外で食感の違いも楽しめるようになります。
- みそは焦げつきやすいので、弱火で炒めます。

# 豚ひき肉とかぼちゃの
# トマトグラタン

かつおだしと豚ひき肉、トマトの旨みが三位一体となり、
ほっくりかぼちゃも単調な味になりません。

| ¥ 費用 232円 | ⏱ 調理 30分 | 保存 冷蔵4日間 | 保存容器 1400ml | お弁当に | 🥕 野菜 60g以上 |
| --- | --- | --- | --- | --- | --- |

## 材料（4人分）

豚ひき肉 ································ 約250g
かぼちゃ ························· ¼個（約350g）
サラダ油 ····························· 大さじ1

Ⓐ カットトマト缶 ······ 1缶（約400g）
　 追いがつお®つゆ（2倍）·· 大さじ3
ミックスチーズ ························ 適量

## 作り方

**1** かぼちゃはスプーンなどで種を取り除き、5mm幅の薄切りにする。memo1

**2** フライパンにサラダ油を熱し、豚肉を入れ、中火でほぐしながらそぼろ状に炒める。炒めたら、フライパンの余分な油をキッチンペーパーでふき取る。

**3** 2にかぼちゃを入れ、全体をさっと炒め合わせる。

**4** 3に🅰を入れ、ときどきかき混ぜながら5分ほど煮る。memo2

**5** オーブンを220度に予熱する。

**6** 4を耐熱容器に移し、スプーンの背などで平らにする。memo3

**7** 上にミックスチーズを散らし、220度のオーブンで15分ほど焼く。

### 栄養成分値

エネルギー ………… 444kcal
食塩相当量 …………… 2.2g
たんぱく質 …………… 25.0g
脂質 ………………… 27.2g
炭水化物 …………… 23.0g
食物繊維 ……………… 4.1g
糖質 ………………… 19.0g
野菜重量 ……………… 179g

（1人分あたり）

### 📝メモ

memo1 / かぼちゃを切るときのポイント
・ 固くて切りづらいときは、ラップで包んで1分ほどレンジ加熱すると、やわらかくなって切りやすくなります。

memo2 / 煮るときのポイント
・ フライパンの底に焦げつかないようにときどきかき混ぜつつ、煮汁のかさが少し減るまで煮て旨みを凝縮させます。

memo3 / 焼き準備
・ 焼きムラがなく、中心までしっかりと熱が入るよう、底が広めの容器に平らに入れます。
・ ホーロー容器がおすすめです。熱伝導率がよいので、よく熱が入り、焼いたあとそのまま保存もできます。

# 鮭の和風
# ほうれん草あんかけ

かつおだしが効いたとろとろのあんかけは、香り高くもやさしい味わい。
焼いた鮭の香ばしさとのマッチングを楽しんでください。

| ¥ 費用 | ⏰ 調理 | 📋 保存 | 📦 保存容器 |
|---|---|---|---|
| 192円 | 20分 | 冷蔵4日間 | 1200ml |

## 材料（3人分）

生鮭（切り身）········ 3切れ（約300g）
ほうれん草 ············· 5株（約100g）
Ⓐ 塩 ·································· 少々
　│ ブラックペッパー ··············· 少々
片栗粉 ···························· 大さじ1

Ⓑ 水 ······························· 150ml
　│ 追いがつお®つゆ（2倍）·· 大さじ5
　│ 片栗粉 ························· 小さじ2
サラダ油 ························· 大さじ1

## 作り方

**1** 鍋に水1l（分量外）、塩小さじ1（分量外）を入れ、強めの中火で沸かす。ほうれん草は水洗いする。**B**はボウルで混ぜ合わせておく。

**2** 湯が沸騰したら、ほうれん草を茎から入れて30秒、葉も入れてさらに30秒ほど塩ゆでする。冷まして手でしぼり、3〜4cm幅に切ったら、もう一度しぼってしっかりと水けを切る。

**3** 鮭は皮をそいで骨を取り除いたら、3〜4等分に切り、**A**をふり、片栗粉をまぶす。memo1

**4** フライパンにサラダ油を熱したら**3**を入れ、中火で表面の色が変わるくらいまで焼く。

**5** ほうれん草を加え、さっとやさしく炒め合わせる。memo2

**6** 弱火にして**B**をまわし入れ、やさしくかき混ぜてほどよくとろみをつける。memo3

### 栄養成分値

| | |
|---|---|
| エネルギー | 211kcal |
| 食塩相当量 | 2.0g |
| たんぱく質 | 23.5g |
| 脂質 | 8.2g |
| 炭水化物 | 8.9g |
| 食物繊維 | 0.8g |
| 糖質 | 8.1g |
| 野菜重量 | 30g |

（1人分あたり）

### 📝メモ

**memo1 / 鮭の下ごしらえ**
・皮は少しくさみがありますし、食べるときに取るのもめんどうなので、包丁でそぎ落とします。

**memo2 / ほうれん草はさっと炒める**
・ゆでて火は通っているので、表面に油がまわるくらいにさっと炒めればじゅうぶんです。
・鮭が崩れないようにやさしく扱います。

**memo3 / あん作りのポイント**
・火力が強いとだまになりやすいので、火を弱めてから水溶き片栗粉を入れます。

# 作り置きおかずを
# 活用したお弁当作りのコツ

作り置きおかずがあれば、毎日のお弁当作りの負担も減ります。
お弁当を詰めるときのコツと、気をつけてほしいことは以下の通りです。

## 1 前日の夜のうちにお弁当箱に詰めておく

夜のうちにおかずをお弁当箱に詰めて冷蔵庫に入れておくと、朝の忙しい
時間を効率よく使えます。

## 2 作り置きおかず以外をしっかりと冷ましてから詰める

卵焼きなどを作り足しする場合は、しっかり冷ましてからお弁当箱に入れま
す。熱いものを入れると、せっかく冷えている作り置きおかずの温度が上が
り、傷みやすくなってしまうので注意してください。

## 3 キッチンペーパーで水けを切る

ミニトマトやレタスなど生野菜を追加で入れる場合は、きっちりと水けをふ
き取ってから入れます。汁けのある作り置きおかずを入れるときも、キッチ
ンペーパーで汁けを吸わせてからのほうがよいです。

## 4 保冷剤を入れて持ち運ぶ

気温の低い時季でも、保冷剤を活用するとよいでしょう。ケーキなどを買っ
たときについてくるものでじゅうぶんです。

### ポイント

彩りがほしいときには…

● 追加で入れるのはミニトマト、レタス、大葉などがおすすめです。簡単に彩りがアップします。
● ブロッコリーや青菜をゆでて冷蔵保存しておいても便利です。

# 2

**CHAPTER**

# 下味冷凍の
# メイン
# おかず

素材に下味をつけて冷凍しておけば、いざというときに
ささっと作れる強い味方に大変身します。漬けて焼くだ
けなので準備がラク。野菜もとれるバリエーション豊かな
レシピが15品。3週間の冷凍保存が可能です。

# 冷凍保存に必要なもの

解凍しやすいもの、なるべく空気に触れないように
密封できるものを使用すると便利です。
必ず冷凍可の素材のものをお選びください。

## ジッパー付き保存袋

薄く平らにして重ねられるマチなしタイプのジッパー付き保存袋が便利です（S・Mサイズを併用）。必ず冷凍可のものをご使用ください。電子レンジで使用できないタイプのものもあるのでご注意ください。

## 普通のポリ袋

小分け冷凍する場合は、普通のポリ袋に入れてから、さらにジッパー付き保存袋に入れます。なるべく空気に触れないようにすることで、味の劣化を防ぎます。

## あると便利！

### 金属製のバット

熱伝導率が高いので、バットにジッパー付き保存袋を置いて冷凍庫に入れれば、おかずに冷気がつたわって早く凍ります。バットだと平らに冷凍できるのもよいです。

# 上手な解凍のポイント

下味冷凍したおかずをおいしく食べるためには、
味落ちさせずに解凍することがまず大事になります。
簡単ではありますが、解凍方法をご紹介します。

## 冷蔵庫に移して解凍

一番基本といってもよい解凍方法です。調理前夜に冷凍庫に移しておきます。調理時にまだ凍っ
ているようであれば、電子レンジに10秒ほどかけます。
ちなみに、室温解凍（自然解凍）はあまりおすすめできません。水分が多く出て、味も食感も悪
くなりますし、衛生面でも避けたほうがよいでしょう。

## 氷水解凍

バットやボウルにたっぷりの水と氷を入れ、密
封した状態のまま沈めます。解凍時間は季節や
室温によって異なりますが、手で触ってほどよく
溶けているようなら調理できます。
冷凍おかず→氷水→バット→外に放出という感
じで熱が移動して、実はそんなに時間がかから
ずに解凍できます。

## 冷凍のまま調理

下味冷凍おかずのなかには、凍ったまま調理し
たほうがおいしく作れるものもあります。凍って
いて素材がジッパー付き保存袋にくっついて取
り出せないときは、密封した状態のまま流水に
軽くあてて、少しだけ解凍すると取り出しやすく
なります。

# 鶏肉と大根の簡単さっぱり煮

鶏肉と大根に煮汁がしみ込み、じゅわっと口いっぱいにおいしさが広がる定番おかず。
冷凍することで大根に味がしみ込みやすくなります。

| ¥ 費用 104円 | 🕐 調理 20分 | ❄ 冷凍 OK | 🗄 保存 冷凍3週間 | 🗄 保存容器 ジッパー付き 保存袋 | お弁当に | 野菜 60g以上 |

## 材料（4人分）

鶏もも肉 ·················· 約300g
大根 ················· ¼本（約300g）
Ⓐ 味ぽん® ·················· 大さじ3
　 みりん ··················· 大さじ2
　 砂糖 ··················· 大さじ1
小ねぎ ··················· 好みで

## 📝メモ

memo1 / 大根の切り方
・ 直径が大きければいちょう切り
　 に、小さければ半月切りにします。

memo2 / 煮立てるときの注意
・ ステンレス、または樹脂加工し
　 た鍋を使用してください。

## 栄養成分値 （1人分あたり）

エネルギー ·· 203kcal 　 炭水化物 ·· 10.2g
食塩相当量 ······ 1.2g 　 食物繊維 ···· 1.0g
たんぱく質 ···· 13.3g 　 糖質 ········· 9.3g
脂質 ··········· 10.7g 　 野菜重量 ···· 68g

## 作り方

1 鶏肉は余分な脂を取り除き、2cm角に切る。大根
　 は皮をむき、5mm幅の半月切り、またはいちょう
　 切りにする。memo1

2 ジッパー付き保存袋にⒶを入れ、袋の上から手で
　 もんで混ぜ合わせる。1を加え、まんべんなくもみ
　 込んだら、空気を抜いて口を閉じ、平らにして冷
　 凍する。

調理するときは ·······························

3 2を解凍し室温に戻す。

4 深型フライパンまたは鍋に、3を汁ごと入れる。ふ
　 たをし、中火にかけて煮立たせたら弱めの中火にし、
　 10分ほど煮る。ふたを取り、適宜アクを取りなが
　 ら煮汁が少なくなるまで5分ほど煮込む。memo2
　 食べるときは好みで小ねぎを散らす。

# さっぱり鶏チャーシュー

さっぱりしつつもしっとり仕上げる鶏チャーシュー。
煮詰めることで「味ぽん®」にコクが加わり、味わい深くなります。

| ¥ 費用 150円 | 🕐 調理 30分 | ❄ 冷凍 OK | 保存 冷凍3週間 | 保存容器 ジッパー付き 保存袋 | お弁当に |
|---|---|---|---|---|---|

## 材料（2人分）

鶏むね肉 ………… 1枚（約300g）
砂糖 ……………………… 大さじ2
Ⓐ 味ぽん® …………… ½カップ
　 水 ……………………… ½カップ
　 しょうが（チューブ）、
　 にんにく（チューブ）
　 …………………… 各小さじ1
　 赤唐辛子 ……… 1本（好みで）
水菜、ミニトマト ………… 好みで

## 作り方

**1** 鶏肉は余分な脂を取り除き、皮つきのまま水けを
キッチンペーパーでふき取る。両面にまんべんなく
フォークなどで穴をあける。

**2** ジッパー付き保存袋に**1**、砂糖を入れ、袋の上か
らもみ込む。Ⓐを加え、まんべんなくもみ込んだら、
空気を抜いて口を閉じ、鶏肉全体が漬かるように
して冷凍する。

調理するときは ……………………………………………………

**3** **2**を解凍し室温に戻す。

**4** フライパンに**3**の汁を入れて煮立てる。煮立ったら、
鶏肉の皮目を上にして入れ、ふたをして中火で7
分加熱する。上下を返し、もう片面を弱火～中火
で蒸し煮にしたら火を消し、ふたをしたまま10分
ほど皮目を下にして置いておく。memo1

**5** 鶏肉を取り出し、好みの幅に切る。煮汁を再び中
火でふつふつと煮立つまで温め直し、鶏肉にかける。
食べるときは、好みで水菜やミニトマトをそえる。

## 📝メモ

memo1 / 煮立てる時の注意
・ ステンレス、または樹脂加工し
　た鍋を使用してください。

## 栄養成分値 （1人分あたり）

| | |
|---|---|
| エネルギー ‥ 294kcal | 炭水化物 ‥ 17.2g |
| 食塩相当量 …… 5.0g | 食物繊維 ‥ 0.2g |
| たんぱく質 …… 34.5g | 糖質 ……… 17.0g |
| 脂質 …………… 8.9g | 野菜重量 …… 0g |

# ぽん酢で味決まる 鶏のから揚げ

サクッとジューシーな定番メニュー。「味ぽん®」を使えば塩加減の調整がいらないので、失敗なくおいしいから揚げが作れます。

| ¥ 費用 128円 | ⏱ 調理 10分 | ❄ 冷凍 OK | 保存 冷凍3週間 | 保存容器 ジッパー付き 保存袋 | お弁当に |
|---|---|---|---|---|---|

## 材料（4人分）

鶏もも肉 ……………… 約400g
Ⓐ 味ぽん® …………… 大さじ2
　 しょうが（チューブ）、
　 にんにく（チューブ）
　 ………………… 各小さじ⅔
片栗粉、サラダ油
　 …… 各適量（大さじ4程度）
レモン、リーフレタス …… 好みで

### 📝 メモ

memo1 / 油はしっかり熱する
・ 衣がカラッと揚がるよう、揚げ焼きにするまえに油はじゅうぶん熱します。

### 栄養成分値 (1人分あたり)

| | | |
|---|---|---|
| エネルギー‥218kcal | 炭水化物‥‥2.0g | |
| 食塩相当量‥‥‥1.0g | 食物繊維‥‥‥0g | |
| たんぱく質‥‥‥17.0g | 糖質‥‥‥‥2.0g | |
| 脂質‥‥‥‥‥14.7g | 野菜重量‥‥‥0g | |

※栄養成分は片栗粉を8%、揚げ油を7%摂取するとして算出。

## 作り方

**1** 鶏肉は余分な脂を取り除き、フォークなどで数カ所穴をあけ、ひと口大に切る。

**2** ジッパー付き保存袋にⒶを入れ、袋の上から手でもんで混ぜ合わせる。1を加え、まんべんなくもみ込んだら、空気を抜いて口を閉じ、平らにして冷凍する。

調理するときは ……………………………………………

**3** 2を解凍し室温に戻す。

**4** バットに片栗粉を広げる。鶏肉を袋から出して手で軽く汁けを落としたら、片栗粉をまんべんなくまぶす。

**5** フライパンにサラダ油を熱し、4を皮目を下にしてやさしく入れる。memo1 中火〜強めの中火で揚げ焼きにしたら、金網に取り出して油を切る。食べるときは、好みでレモンやリーフレタスをそえる。

# 豚肉と玉ねぎのしょうが焼き

豚肉と玉ねぎをたれと一緒に冷凍するだけで、いざというときに頼れるストックに。
冷凍しておけば味がしみ込んで一石二鳥。

| ¥ 費用 258円 | 🕐 調理 15分 | ❄ 冷凍 OK | 保存 冷凍3週間 | 保存容器 ジッパー付き 保存袋 | お弁当に |
| --- | --- | --- | --- | --- | --- |

## 材料（2人分）

豚薄切り肉
　（しょうが焼き用）……… 約200g
玉ねぎ ………… 小½個（約100g）
🅰 味ぽん® ……………… 大さじ2
│ みりん ………………… 大さじ1
│ しょうが memo1 ………… 1かけ
ごま油 ………………………… 大さじ1
キャベツ、ミニトマト ……… 好みで

## 📝 メモ

memo1 / おろししょうが

・ しょうがはチューブより生を使っ
　たほうが、断然風味よく仕上が
　ります。すりおろし汁も漬けると
　きに使います。

## 栄養成分値 （1人分あたり）

| | |
| --- | --- |
| エネルギー ‥ 371kcal | 炭水化物 ‥ 10.9g |
| 食塩相当量 …… 1.6g | 食物繊維 …… 0.8g |
| たんぱく質 … 20.6g | 糖質 …… 10.1g |
| 脂質 ………… 25.3g | 野菜重量 …… 47g |

## 作り方

**1** 豚肉は食べやすい大きさに、玉ねぎは5mm幅に
切る。しょうがはすりおろす。

**2** ジッパー付き保存袋に🅰を入れ、袋の上から手で
もんで混ぜ合わせる。1を加え、まんべんなくもみ
込んだら、空気を抜いて口を閉じ、平らにして冷
凍する。

調理するときは ………………………………………………

**3** 2を解凍し室温に戻す。

**4** フライパンにごま油を熱し、3を汁ごと入れる。豚肉に
火が通り、汁けがほどよく飛ぶまで炒める。食べると
きは、好みでキャベツのせん切りやミニトマトをそえる。

# 鮭ときのこのバタぽん炒め

バターのコクとにんにくのふくよかな香りに「味ぽん®」がマッチしたこっくり味。
きのこは好みに合わせてアレンジして楽しめます。

| ¥ 費用 237円 | 🕐 調理 20分 | ❄ 冷凍 OK | 🗄 保存 冷凍3週間 | 🗄 保存容器 ジッパー付き 保存袋 | 🍱 お弁当に |
|---|---|---|---|---|---|

## 材料（2人分）

生鮭（切り身）‥2切れ（約200g）
こしょう ……………………… 少々
エリンギ …………………… 1本
しめじ、えのき茸
　‥‥‥‥ 各½パック（各約50g）
Ⓐ　味ぽん® ………… 大さじ1.5
　│　にんにく（チューブ）‥小さじ1
　│　酒 ………………… 大さじ1
バター ……………………… 10g
小ねぎ ……………………… 好みで

## ✏ メモ

memo1 / 焼くときのポイント
・ 鮭の身が崩れないよう、やさし
　く扱います。フライ返しや調理
　用スプーンを使うとよいです。

## 栄養成分値 （1人分あたり）

エネルギー ‥ 206kcal　　炭水化物 ‥‥ 7.5g
食塩相当量 …… 1.5g　　食物繊維 …… 2.7g
たんぱく質 …… 25.0g　　糖質 ……… 4.9g
脂質 ………… 8.5g　　野菜重量 …… 0g

## 作り方

**1** きのこはそれぞれ食べやすい大きさに切る。鮭は
皮をそぎ、骨を取り除いたら3〜4等分に切り、
こしょうをふる。

**2** ジッパー付き保存袋にⒶを入れ、袋の上から手で
もんで混ぜ合わせる。1を加えてなじませたら、空
気を抜いて口を閉じ、平らにして冷凍する。

調理するときは ……………………………………

**3** 2を冷凍のままフライパンに入れ、水大さじ1（分
量外）をまわしかけ、ふたをして強めの中火で7分
ほど加熱する。途中で何度か全体をほぐす。memo1

**4** ふたを取り、バターを加える。強火にし、汁けを
飛ばしながら、鮭に焼き色がつくように炒める。
食べるときは好みで小ねぎを散らす。

# 鶏むね肉の タンドリーチキン風

スパイシーな香りに箸が止まらないやみつきメニュー。
「カンタン酢™」があれば、ヨーグルトを使わずタンドリーチキン風のおかずを作れます。

| ¥ 費用 164円 | ⏰ 調理 20分 | ❄ 冷凍 OK | 🗄 保存 冷凍3週間 | 保存容器 ジッパー付き 保存袋 | お弁当に |
|---|---|---|---|---|---|

## 材料（2人分）

鶏むね肉 ………… 1枚（約300g）
Ａ カンタン酢™ ……… 大さじ2
　 トマトケチャップ …… 大さじ1
　 カレー粉 …………… 小さじ2
　 しょうが（チューブ）、
　 　にんにく（チューブ）
　 　………………… 各小さじ1
オリーブオイル ………… 大さじ1
レモン、ベビーリーフ …… 好みで

## 📝 メモ

memo1 / オリーブオイルは最後
・ オリーブオイルによって肉全体がコーティングされ、パサつかずに仕上がります。

memo2 / 焼くときのポイント
・ 油がはねるのでお気をつけください。

## 栄養成分値 （1人分あたり）

エネルギー ‥ 334kcal
食塩相当量 …… 1.3g
たんぱく質 …… 33.0g
脂質 ………… 15.6g
炭水化物 ‥ 12.7g
食物繊維 …… 2.3g
糖質 ……… 10.3g
野菜重量 …… 0g

## 作り方

**1** 鶏肉は余分な脂と皮を取り除き、フォークなどで数カ所穴をあけ、ひと口大のそぎ切りにする。

**2** ジッパー付き保存袋に**1**と**Ａ**を入れ、袋の上からまんべんなくもみ込む。オリーブオイルを加え、まんべんなくもみ込んだら、空気を抜いて口を閉じ、平らにして冷凍する。memo1

調理するときは ……………………………………

**3** **2**を冷凍のままフライパンに入れ、水大さじ1（分量外）をまわしかけ、ふたをして弱めの中火で8分ほど加熱する。途中で何度か全体をほぐす。

**4** ふたを取り、強めの中火で汁けがなくなるまで焼く。memo2 食べるときは、好みでレモンやベビーリーフをそえる。

# 鶏と長ねぎの しみうま漬け焼き

「カンタン酢™」の味が素材にしみ込み、
焼くだけなのにしっかりおかずに仕上がります。とろとろになった長ねぎも美味。

| ¥ 費用 228円 | ⏱ 調理 20分 | ❄ 冷凍 OK | 保存 冷凍3週間 | 保存容器 ジッパー付き 保存袋 | ・日 お弁当に |
|---|---|---|---|---|---|

## 材料（2人分）

鶏もも肉 ‥‥‥‥‥‥‥‥ 約300g
長ねぎ ‥‥‥‥‥‥‥‥‥ 1本
カンタン酢™ ‥‥‥‥‥‥ 大さじ5
豆苗、トマト ‥‥‥‥‥‥ 好みで

## 📝メモ

**memo1 / 焼き加減に注意**
・汁けが飛ぶと焦げ付きやすくも
 なるため、きつね色に焼けたら
 すぐに火を止めます。

## 栄養成分値 （1人分あたり）

エネルギー ‥ 375kcal 　炭水化物 ‥ 17.4g
食塩相当量 ‥‥‥ 2.1g 　食物繊維 ‥ 1.2g
たんぱく質 ‥‥ 25.6g 　糖質 ‥‥‥ 16.1g
脂質 ‥‥‥‥‥ 21.3g 　野菜重量 ‥‥ 50g

## 作り方

**1** 鶏肉は余分な脂を取り除き、フォークなどで数カ
所穴をあけ、ひと口大に切る。長ねぎは5cmくら
いの長さになるように斜め切りにする。

**2** ジッパー付き保存袋に**1**と「カンタン酢™」を入れ、
空気を抜いて口を閉じ、平らにして冷凍する。

調理するときは ‥‥‥‥‥‥‥‥‥‥‥‥‥‥‥‥‥‥

**3** **2**を解凍し室温に戻す。

**4** フライパンに**3**を汁ごと入れ、ふたをして3分ほど
中火で加熱する。鶏肉の表面が白っぽくなってき
たらふたを取り、強めの中火でさらに加熱する。

**5** 全体に火が通るようにときどきかき混ぜながら、
汁けを飛ばす。汁けがなくなってきたら火を弱め、
ところどころ焼き色がつき、全体がきつね色に色
づくまで炒める。**memo1** 食べるときは、好みで豆
苗やトマトをそえる。

# チキンマリネのグリル

下味冷凍した素材をオーブンで焼くだけのほったらかし調理なのに、
パーティーメニューにもなれる華やかさがうれしいおかずです。

 費用 **145** 円　 調理 **20** 分　❄ 冷凍 OK　保存 冷凍3週間　保存容器 ジッパー付き 保存袋　お弁当に

## 材料（3人分）

鶏もも肉 ………… 1枚（約350g）
**A** カンタン酢™ ……… 大さじ3
　　オリーブオイル ……… 大さじ1
　　レモン汁 …………… 小さじ1
　　塩 …………………… 小さじ½
　　ブラックペッパー ……… 少々
トマト、ブロッコリー、レモン
　…………………………… 好みで

## 📝 メモ

memo1 / パリッと焼く

・皮にこんがりと焼き色がつくまで焼きます。皮がパリッとなって、見ためもおいしく仕上がります。

・マリネ液は入れずに、鶏肉のみをオーブンに入れます。

## 栄養成分値 （1人分あたり）

エネルギー … 297kcal　炭水化物 … 5.5g
食塩相当量 …… 2.0g　食物繊維 …… 0g
たんぱく質 …… 19.4g　糖質 …… 5.5g
脂質 ………… 20.6g　野菜重量 …… 0g

## 作り方

**1** 鶏肉は余分な脂を取り除き、フォークなどで数カ所穴をあける。

**2** ジッパー付き保存袋に **A** を入れ、袋の上から手でもんで混ぜ合わせる。**1**を加え、まんべんなくもみ込んだら、空気を抜いて口を閉じ、平らにして冷凍する。

調理するときは ……………………………………

**3** **2**を解凍し室温に戻す。オーブンを220度に予熱する。

**4** クッキングシートをしいた天板に鶏肉を皮目を上にして置く。220度のオーブンで15分ほど焼く。
memo1 食べるときは、好みで、トマト、ゆでたブロッコリー、レモンなどをそえる。

# 豚肉とピーマンのうま酢炒め

豚肉の旨みが全体にからんだ甘じょっぱい味がごはんによく合います。
ごま油とにんにくの風味もアクセント。

| | | | | | | |
|---|---|---|---|---|---|---|
| ¥ 費用 187円 | ⏱ 調理 10分 | ❄ 冷凍 OK | 🗄 保存 冷凍3週間 | 🗃 保存容器 ジッパー付き 保存袋 | 📱 お弁当に | |

## 材料（2人分）

豚こま切れ肉 ……………… 約250g
ピーマン ……………………… 3個
A カンタン酢™ …… 大さじ3
　 ごま油 …………… 大さじ1
　 塩 ………………… 小さじ½
　 にんにく（チューブ）…… 3cm
サラダ油 …………… 大さじ½

## 📝 メモ

memo1 / 菜箸をよく動かす
・ 豚肉がかたまりになって焼けて
　 しまわないよう、菜箸でよくほぐ
　 しながら炒めます。

## 栄養成分値 （1人分あたり）

| | | | |
|---|---|---|---|
| エネルギー | 394kcal | 炭水化物 | 10.4g |
| 食塩相当量 | 2.7g | 食物繊維 | 0.9g |
| たんぱく質 | 23.5g | 糖質 | 9.6g |
| 脂質 | 27.3g | 野菜重量 | 38g |

## 作り方

**1** 豚肉は細切りにする。ピーマンはへたと種を取り、細切りにする。

**2** ジッパー付き保存袋にAを入れ、袋の上から手でもんで混ぜ合わせる。1を加え、まんべんなくもみ込んだら、空気を抜いて口を閉じ、平らにして冷凍する。

調理するときは ……………………………………………

**3** 2を解凍し室温に戻す。

**4** フライパンにサラダ油を熱したら、3をたれごと入れ、中火でほぐしながら炒める。memo1 豚肉の表面が焼けてきたら強火にし、余分な汁けを飛ばす。

# 下味冷凍でしみしみ豚バラ大根

冷凍することで大根に味がしっかりしみ込みます。
豚肉と大根からじゅわっとあふれる味わいを楽しんで。

| ¥ 費用 **263**円 | 🕐 調理 **25**分 | ❄ 冷凍 OK | 🗄 保存 冷凍3週間 | 🗄 保存容器 ジッパー付き 保存袋 | 🥕 野菜 60g以上 |
|---|---|---|---|---|---|

## 材料（2人分）

豚バラ薄切り肉 ………… 約200g
大根 ……………… ⅓本（約400g）
 カンタン酢™ ……… 大さじ4
　│　しょうゆ ………… 大さじ2
　│　水 ………………… 大さじ4
　│　しょうが（チューブ）‥小さじ2
小ねぎ ………………… 好みで

## 📝メモ

memo1 / アク取りシート
・ 冷凍した豚バラ肉は煮るとアク
  がたくさん出ます。アク取りシー
  トを使うとラクに取れます。

## 栄養成分値 （1人分あたり）

エネルギー‥485kcal　　炭水化物‥20.5g
食塩相当量 …… 4.2g　　食物繊維 … 2.6g
たんぱく質 … 16.8g　　糖質 …… 18.0g
脂質 ………… 35.6g　　野菜重量‥183g

## 作り方

**1** 大根は皮をむき、1.5cm幅の半月切りにする。豚肉は食べやすい大きさに切る。

**2** ジッパー付き保存袋にを入れ、袋の上から手でもんで混ぜ合わせる。**1**を加え、まんべんなくもみ込んだら、空気を抜いて口を閉じ、平らにして冷凍する。

調理するときは

**3** **2**を解凍し室温に戻す。

**4** 鍋に**3**を入れ、菜箸でほぐし、大根がつけ汁に浸るようにして中火で煮る。途中アクを取りながら、肉に火が通り、つけ汁がごく少量残るくらいまで煮詰める。memo1 食べるときは好みで小ねぎを散らす。

# ぶりの甘酢照り焼き

敬遠しがちな魚メニューも、下味冷凍ならラクラク。
ぶりの味を引き立てるほどよい甘辛さに箸がとまりません。

| ¥ 費用 183円 | 調理 20分 | ❄ 冷凍 OK | 保存 冷凍3週間 | 保存容器 ジッパー付き 保存袋 | お弁当に |

## 材料（2人分）

ぶり …………… 2切れ（約160g）
塩 ……………………………… 少々
長ねぎ ………… ½本（約16cm）
Ⓐ カンタン酢™ ……… 大さじ4
　│ しょうが（チューブ）‥ 小さじ½
サラダ油 ………………… 小さじ1
大葉 ……………………… 好みで

### 📝 メモ

memo1 / 下ごしらえ
・ 塩をふってからぶりの水けをふく
　ことで、表面のくさみが取れます。

memo2 / 火加減
・ 少し焦げつきやすいので、焦げそ
　うなときは火加減を調節します。

### 栄養成分値 （1人分あたり）

| エネルギー ‥ 271kcal | 炭水化物 ‥ 12.0g |
| 食塩相当量 …… 1.9g | 食物繊維 ‥ 0.3g |
| たんぱく質 …… 17.3g | 糖質 ……… 11.7g |
| 脂質 ………… 16.1g | 野菜重量 … 12g |

## 作り方

**1** ぶりに塩をふり10分ほどおいたら、キッチンペーパーで水けをふく。memo1 長ねぎは4cmの長さに切る。

**2** ジッパー付き保存袋にⒶを入れ、袋の上から手でもんで混ぜ合わせる。1を加えたら、空気を抜いて口を閉じ、平らにして冷凍する。

調理するときは

**3** 2を解凍し室温に戻す。フライパンにサラダ油を中火で熱し、ぶりと長ねぎを入れ、きつね色になるまで2分ほど焼く。ぶりとねぎの上下を返し、ふたをして1分ほど焼く。

**4** フライパンの余分な油をキッチンペーパーでふき取り、袋に残ったたれを加える。強めの中火にして煮立ったら中火にし、1分ほど煮る。煮汁をすくってかけながら、きつね色になるまで煮詰めてからめる。memo2 食べるときは好みで大葉をしき、ぶりと長ねぎをのせたら、たれをかける。

# 辛くないエビチリ

冷凍のまま調理できるから簡単。少し甘めに仕上げているので、
好みで豆板醤やラー油をかけてもおいしくいただけます。

| ¥ 費用 506円 | 🕐 調理 30分 | ❄ 冷凍 OK | 保存 冷凍3週間 | 保存容器 ジッパー付き 保存袋 | ・日 お弁当に |
|---|---|---|---|---|---|

## 材料（2人分）

えび ……………… 16尾（約320g）
長ねぎ …………………………… ½本
**A** カンタン酢™ ……… ½カップ
　　トマトケチャップ …… 大さじ2
　　ごま油 ………………… 大さじ1
　　しょうが（チューブ）、
　　　にんにく（チューブ）
　　　………………… 各小さじ½
**B** 片栗粉、水 ……… 各大さじ1

## 📝 メモ

memo1 / 下ごしらえ
・えびの背わたは竹串などで取り
　除きます。もしくは、処理済み
　のむきえびを使います。

memo2 / よくかき混ぜる
・しっかりとろみをつけるために
　は、よくかき混ぜるのがポイント
　です。

## 栄養成分値 （1人分あたり）

エネルギー ‥ 278kcal　炭水化物 ‥ 27.8g
食塩相当量 …… 3.6g　食物繊維 ‥ 0.6g
たんぱく質 … 25.6g　糖質 …… 27.2g
脂質 ………… 6.4g　野菜重量 … 15g

## 作り方

**1** えびは殻をむき、背に切り込みを入れて背わたを
　取り除く。memo1 長ねぎはみじん切りにする。

**2** ジッパー付き保存袋に**A**を入れ、袋の上から手で
　もんで混ぜ合わせる。**1**を加え、まんべんなくもみ
　込んだら、空気を抜いて口を閉じ、平らにして冷
　凍する。

調理するときは ……………………………………………

**3** **2**を冷凍のままフライパンに入れ、ふたをして中火
　で10分ほど加熱する。えびに火が通ったら火を
　弱め、混ぜ合わせた**B**を加え、とろみをつける。
　memo2

# ごま香る鶏のから揚げ

揚げ焼きにするため、サクッと軽く揚がって油の処理も簡単。
シンプルな味付けだからこそ飽きのこないおいしさです。

| ¥ 費用 79円 | 🕐 調理 20分 | ❄ 冷凍 OK | 🗄 保存 冷凍3週間 | 保存容器 ジッパー付き 保存袋 | お弁当に |
|---|---|---|---|---|---|

## 材料（4人分）

鶏むね肉 ………… 2枚（約400g）
Ⓐ 追いがつお®つゆ（2倍）
　………………… 大さじ2.5
　ごま油 ………………… 大さじ1
　塩 …………………… 小さじ½
片栗粉、サラダ油
　……… 各適量（大さじ4程度）
大葉、レモン ………… 好みで

## メモ

memo1 / 揚げ焼きのポイント
・ ふちが濃いきつね色になってき
　たら裏返します。衣がはがれな
　いよう、裏返すとき以外はなる
　べく動かさないでください。

## 栄養成分値 （1人分あたり）

| エネルギー ‥ 186kcal | 炭水化物 … 2.0g |
|---|---|
| 食塩相当量 …… 1.5g | 食物繊維 …… 0g |
| たんぱく質 …… 21.5g | 糖質 ……… 2.0g |
| 脂質 ………… 9.4g | 野菜重量 …… 0g |

※栄養成分は片栗粉を8％、揚げ油を7％摂取す
るとして算出。

## 作り方

**1** 鶏肉は余分な脂を取り除き、フォークなどで数カ
所穴をあけ、ひと口大に切る。

**2** ジッパー付き保存袋にⒶを入れ、袋の上から手で
もんで混ぜ合わせる。1を加え、まんべんなくもみ
込んだら、空気を抜いて口を閉じ、平らにして冷
凍する。

調理するときは ……………………………………………

**3** 2を解凍し室温に戻す。

**4** バットに片栗粉を広げる。鶏肉を袋から出して、
手で軽く汁を落としたら、片栗粉をまんべんな
くまぶす。

**5** フライパンにサラダ油を熱し、4を皮目を下にして
やさしく入れる。中火〜強めの中火で揚げ焼きに
したら、金網に取り出して油を切る。memo1 食べ
るときは、好みでレモンや大葉をそえる。

# 彩り野菜の
# つゆうま™ポークチャップ

ケチャップの中にほのかにかつおだしが香る、なじみやすい味に仕上げました。
野菜をとりたいときにぴったりのおかずです。

| ¥ 費用 261 円 | 🕐 調理 10 分 | ❄ 冷凍 OK | 保存 冷凍3週間 | 保存容器 ジッパー付き 保存袋 | お弁当に | 🥕 野菜 60g以上 |

## 材料（2人分）

豚ロース薄切り肉 ……… 約200g
玉ねぎ ……… 小½個（約100g）
にんじん ………… ⅓本（約50g）
黄パプリカ ………………… ¼個
ピーマン ……………………… 1個
**Ａ** 追いがつお®つゆ（2倍）
　………………………… 大さじ4
└ トマトケチャップ …… 大さじ3
サラダ油 ………………… 大さじ½
イタリアンパセリ ………… 好みで

## 📝メモ

memo1 / 火加減のポイント
・ 肉に火が通ったら、一気に水け
を飛ばすために強火で加熱しま
す。汁けを飛ばすことで旨みが
凝縮されます。

## 栄養成分値 （1人分あたり）

| | |
|---|---|
| エネルギー ‥ 373kcal | 炭水化物 ‥ 19.0g |
| 食塩相当量 …… 2.8g | 食物繊維 ‥ 2.3g |
| たんぱく質 …… 21.2g | 糖質 ……… 16.7g |
| 脂質 ………… 22.4g | 野菜重量 ‥ 101g |

## 作り方

**1** 豚肉は3cmに切る。玉ねぎは1cm幅のくし形切
りに、にんじんは5mm幅の半月切りにする。黄
パプリカ、ピーマンはひと口大の乱切りにする。

**2** ジッパー付き保存袋に**Ａ**を入れ、袋の上から手で
もんで混ぜ合わせる。**1**を加え、まんべんなくもみ
込んだら、空気を抜いて口を閉じ、平らにして冷
凍する。

調理するときは …………………………………………

**3** **2**を解凍し室温に戻す。

**4** フライパンにサラダ油を中火で熱し、**3**を汁ごと入
れ、肉に火が通るまで炒める。memo1

**5** 強火にし、汁けがほどよく飛ぶまで炒めからめる。
食べるときは好みでイタリアンパセリを飾る。

# 和風ミートローフ

オーブンでほったらかし調理ができるのに、ごちそう感があります。
豚肉の旨みに溶け込んだかつおだしの香りが決め手です。

| ¥ 費用 113円 | 🕐 調理 40分 | ❄ 冷凍 OK | 🗄 保存 冷凍3週間 | 🗃 保存容器 ジッパー付き 保存袋 | 🔲 お弁当に |
|---|---|---|---|---|---|

## 材料（4人分）

豚ひき肉 ……………………… 約300g
玉ねぎ ……………… ½個（約150g）
にんじん ………… ⅓本（約50g）
Ⓐ 卵 …………………………… 1個
　 追いがつお®つゆ（2倍）
　 ………………………… 大さじ2
　 塩 ……………………… 小さじ1
パン粉 ………………………… ¾カップ
ミニトマト ……………………… 好みで

## 📝メモ

memo1 / 成形するときのポイント
・厚みがあると中心に火が通りにくくなるため、2〜3cmの高さになるように形を整えます。

memo2 / あら熱が取れてから切る
・焼けてすぐは形が崩れやすく、肉汁も多く流れ出るので、あら熱が取れてから切ることをおすすめします。ただし、焼きたてを食べたいという場合にはその限りではありません。

## 栄養成分値 （1人分あたり）

| | | | |
|---|---|---|---|
| エネルギー ‥ 249kcal | | 炭水化物 ‥ 10.2g | |
| 食塩相当量 …… 2.2g | | 食物繊維 … 1.2g | |
| たんぱく質 …… 16.7g | | 糖質 ……… 9.0g | |
| 脂質 ………… 14.9g | | 野菜重量 … 47g | |

## 作り方

**1** 玉ねぎ、にんじんはみじん切りにする。

**2** ボウルに豚肉を入れ、粘りが出るまでこねたら**1**と**Ⓐ**を入れ、さらによくこねる。パン粉を加えてさらにこね、½量ずつ長方形に形を整える。memo1 ラップで包み、ジッパー付き保存袋に入れて冷凍保存する。

調理するときは ……………………………………

**3** オーブンを200度に予熱する。天板にクッキングシートをしき、ラップを取った**2**を凍ったまま置く。

**4** 200度のオーブンで25〜30分ほど焼く。あら熱が取れたら切り分け、食べるときは好みでミニトマトをそえる。memo2

# 3

## CHAPTER

# サブの
# おかず

あと一品、というときの強い味方。献立やお弁当に彩り
を加えるのにも便利です。作ってから時間がたつほどに
味がなじんでおいしくなる、作り置き向きのレシピも含め
た16品。どれも簡単に作れるものばかりです。

# じゃばらきゅうりの
# ぽん酢漬け

きゅうりを大量消費したいときにぴったり。じゃばらに切ることで短い時間でも味がしみ込む、簡単でおいしい優秀な箸休めです。

| ¥ 費用 66円 | 調理 15分 | 保存 冷蔵7日間 | 保存容器 500ml | お弁当に | 野菜 60g以上 |
|---|---|---|---|---|---|

## 材料（4人分）

きゅうり ………………………… 3本
塩（板ずり用）………………… 小さじ1
しょうが ………………………… 1かけ
Ａ 味ぽん® ……………… ½カップ
　 砂糖 …………………… 大さじ2
輪切り唐辛子 ………………… 好みで

## 📝 メモ

**memo1 / じゃばら切り**
・細かく等間隔で斜めに切り目を入れたら、裏返して、同様に斜めに切り目を入れます。
・多少切りくずが出ますが、捨てるのももったいないので一緒に煮ます。

**memo2 / 煮るときのポイント**
・ときどきやさしくかき混ぜてムラなく味をなじませます。

## 栄養成分値 （1人分あたり）

| | |
|---|---|
| エネルギー …… 46kcal | 炭水化物 …… 10.2g |
| 食塩相当量 …… 3.8g | 食物繊維 …… 0.9g |
| たんぱく質 …… 1.9g | 糖質 …… 9.2g |
| 脂質 …… 0.1g | 野菜重量 …… 76g |

## 作り方

**1** きゅうりは塩をふり、板ずりする。両端を切り落とし、じゃばら切りにしたら食べやすい長さに切る。しょうがは皮をむき、せん切りにする。memo1

**2** 鍋にきゅうり、しょうが、Ａを入れ、中火にかける。

**3** 煮立ったら、弱火で10分ほど煮る。memo2

**4** 好みで輪切り唐辛子をのせる。

# トマトと玉ねぎの
# おかかぽん酢マリネ

「味ぽん®」にはちみつのやさしい甘みが加わり、風味豊かでありながら
さっぱりといただけるマリネ。ちょっと野菜が足りないときに便利です。

| ¥ 費用 **71**円 | 🕐 調理 **10**分 | 保存 冷蔵3日間 | 保存容器 540ml | 野菜 60g以上 |

## 材料（4人分）

トマト ……………………………… 1個
玉ねぎ …………… ½個（約150g）
大葉 …………………………… 5枚
Ⓐ 味ぽん® …………… 大さじ3
　 はちみつ ………… 大さじ½
　 おかか … 小分け1袋（2.5g）

## 📝 メモ

memo1 / 玉ねぎの薄切り
- スライサーを使えばラクにごく
  薄切りにできます。なければ包
  丁でなるべく薄く切ります。

memo2 / 調味料はよく混ぜる
- はちみつがなかなか溶けづらい
  ので、なじむまでしっかりと混
  ぜ合わせます。

## 栄養成分値 （1人分あたり）

エネルギー …… 41kcal 　 炭水化物 … 9.1g
食塩相当量 …… 1.1g 　 食物繊維 … 1.2g
たんぱく質 …… 1.7g 　 糖質 ……… 7.9g
脂質 ………… 0.1g 　 野菜重量 … 85g

## 作り方

**1** トマトはへたを取り、1〜2cm角の角切りにする。
大葉は軸を切り落とし、せん切りにする。

**2** 玉ねぎは皮をむき、ごく薄切りにする。memo1 耐
熱ボウルに入れ、ふわりとラップをしたら500W
の電子レンジで3分加熱する。

**3** 保存容器にⒶを入れ、よく混ぜ合わせる。memo2

**4** 3にトマト、大葉、水けを切った玉ねぎを入れ、ス
プーンで和える。

# じゃがいもとにんじんの
# バタぽん炒め

ほっくりじゃがいもと甘くやわらかなにんじんに、
バターのコクとぽん酢のさわやかな風味がよく合います。

| ¥ 費用 33円 | 調理 15分 | 保存 冷蔵5日間 | 保存容器 500ml | お弁当に |

## 材料（4人分）

じゃがいも …… 大1個（約200g）
にんじん ………… 1本（約150g）
Ⓐ 酒 ………………… 大さじ2
｜ 塩 ………………… 小さじ½
味ぽん® ………………… 大さじ2
バター ……………………… 10g
サラダ油 ……………… 大さじ1
ブラックペッパー ………… 好みで

## 📝メモ

memo1 / じゃがいもの下ごしらえ
・ 水にさらして表面のでんぷん質
  を洗い流すことで、炒めたとき
  にザラつきが取れて食感がよく
  なります。

memo2 / 蒸し焼きにする
・ 時間は目安です。にんじんに竹
  串をさして、すっと入るくらいの
  やわらかさになるまで蒸し焼き
  にします。

## 栄養成分値 （1人分あたり）

| | | |
|---|---|---|
| エネルギー ‥108kcal | 炭水化物 ‥12.7g | |
| 食塩相当量 …… 1.5g | 食物繊維 …… 1.6g | |
| たんぱく質 …… 1.4g | 糖質 ……… 11.1g | |
| 脂質 ………… 5.1g | 野菜重量 …… 36g | |

## 作り方

**1** じゃがいもは皮をむいて芽を取り、6〜7mm幅
の細切りにし、2〜3分ほど水にさらす。memo1 に
んじんも6〜7mm幅の細切りにする。

**2** フライパンにサラダ油を熱し、水けを切った**1**を入
れ、中火で炒める。表面に火が通ったらⒶをまわ
し入れ、ふたをし、弱火で6分ほど蒸し焼きにする。
memo2

**3** ふたを取り、「味ぽん®」を入れて炒め合わせる。だ
いたい汁けが飛んだら、バターを入れ、全体にか
らめる。汁けが飛んだら火を止め、好みでブラッ
クペッパーをふる。

# さっぱりヤンニョム煮卵

さっぱりとした甘辛煮卵です。とろ〜り半熟卵にコチュジャンとにんにく、いりごまの風味をプラスして韓国風に仕上げました。

| ¥ 費用 42円 | ⏱ 調理 15分 | 🧊 保存 冷蔵3日間 | 保存容器 500ml | 🗓 お弁当に |
|---|---|---|---|---|

## 材料（4人分）

卵 ……………………………………… 4個
Ⓐ 味ぽん® ………………… 大さじ4
　みりん ………………… 大さじ2
　コチュジャン ……… 大さじ½
　にんにく（チューブ）…… 3cm
　いりごま …………… 小さじ1
小ねぎ ……………………… 好みで

## 📝 メモ

### memo1 / 卵のゆで方
- ゆで時間は6分だととろとろの半熟、7分でしっかりめの半熟になります。固ゆでにしたい場合は10分ほどゆでるとよいです。

### memo2 / 漬け汁はひと煮立ちさせる
- みりんのアルコール分を飛ばすためにひと煮立ちさせます。味も角が取れてまろやかになります。

## 栄養成分値 （1人分あたり）

| | |
|---|---|
| エネルギー … 125kcal | 炭水化物 … 7.3g |
| 食塩相当量 …… 1.8g | 食物繊維 … 0.1g |
| たんぱく質 …… 7.8g | 糖質 …… 7.1g |
| 脂質 ………… 6.1g | 野菜重量 …… 0g |

## 作り方

1. 卵は冷蔵庫から出して室温に戻す。鍋に湯を沸かし、湯が沸騰したらお玉でそっと卵を入れ、中火〜強火で6〜7分ゆでる。memo1

2. 1の湯を捨て、すぐに冷水で卵を冷やしたら、殻をむく。

3. 鍋にⒶを入れ、中火にかける。ひと煮立ちしたら、火を止める。memo2

4. ジッパー付き保存袋に2と3を入れ、やさしくもみ込む。なるべく空気を抜いて袋の口を閉じ、ひと晩以上漬ける。食べるときは好みで小ねぎを散らす。

# なすのねぎぽんびたし

素揚げしたなすは表面が香ばしくて中がとろとろ。
「味ぽん®」のさっぱり味と油のコクがからみ合い、副菜なのに満足感があります。

| ¥ 費用 61円 | 調理 10分 | 保存 冷蔵4日間 | 保存容器 800ml | お弁当に | 野菜 60g以上 |
|---|---|---|---|---|---|

## 材料（4人分）

なす ………………………… 3本
小ねぎ ……………………… ⅓束
🅰 味ぽん® …………… 大さじ2
　 ごま油 ……………… 小さじ1
　 塩、ブラックペッパー … 少々
サラダ油 …………………… 大さじ3

## ✏️ メモ

**memo1 / 揚げ焼きのポイント**
- なすの皮がきれいな紫色に、断面がきれいな黄色になるまで揚げ焼きにします。

**memo2 / 保存容器**
- なすにまんべんなく味がなじむように、広めの保存容器を使用するとよいです。

## 栄養成分値 （1人分あたり）

| エネルギー …… 56kcal | 炭水化物 … 4.2g |
|---|---|
| 食塩相当量 …… 0.8g | 食物繊維 … 1.4g |
| たんぱく質 …… 1.1g | 糖質 …… 2.8g |
| 脂質 ………… 4.1g | 野菜重量 … 61g |

※栄養成分は揚げ焼き用の油を5％摂取するとして算出。

## 作り方

**1** 小ねぎは根元を切り落とし、小口切りにする。

**2** なすはへたを切り落とし、乱切りにする。切ったらすぐにフライパンに入れ、サラダ油をからませたら、中火で揚げ焼きにする。memo1

**3** 小ねぎと🅰を保存容器で混ぜ合わせる。

**4** なすの余分な油を切り、熱いうちに保存容器に入れてよく和える。memo2

# きのこの柚子こしょうマリネ

きのこの芳醇な香りが広がるマリネです。
柚子こしょうのピリッとしたアクセントが効いて、あとを引くおいしさ。

---

| ¥ 費用 47円 | 🕐 調理 10分 | 保存 冷蔵5日間 | 保存容器 400ml | お弁当に |

## 材料（4人分）

しめじ、エリンギ
　　………… 各1袋（各約100g）
オリーブオイル ………… 大さじ1
Ⓐ　カンタン酢™ ……… 大さじ3
　　柚子こしょう ……… 小さじ⅓

## 📝メモ

memo1 / 焼き色をつける
- きのこは焼き色がつくくらいまでしっかり炒めると、芳醇な香りが立ち、余分な水分も抜けます。

memo2 / 保存のポイント
- 味がまんべんなくいきわたるよう、取り出すときに、ついでに全体をかき混ぜるとよいです。

## 栄養成分値 （1人分あたり）

| エネルギー …… 52kcal | 炭水化物 … 6.5g |
| 食塩相当量 …… 0.6g | 食物繊維 … 1.6g |
| たんぱく質 …… 1.3g | 糖質 …… 4.9g |
| 脂質 ………… 3.2g | 野菜重量 …… 0g |

## 作り方

**1** しめじは手でほぐし、エリンギは薄切りにする。

**2** フライパンにオリーブオイルを熱し、中火で**1**をこんがりと炒める。memo1

**3** 保存容器に**Ⓐ**を入れ、よく混ぜ合わせる。**2**を入れ、よく和える。memo2

# れんこんとツナのきんぴら

しゃきしゃき根菜の歯ごたえが楽しいおかずです。
ツナの旨みが全体にいきわたり、野菜の味を引き立ててくれます。

| ¥ 費用 69円 | 調理 15分 | ❄ 冷凍 OK | 保存 冷蔵4日間 | 保存容器 500ml | お弁当に |

## 材料（4人分）

れんこん ………… 1節（約150g）
にんじん ……… 小1本（約100g）
ツナ缶（油漬けタイプ）‥ 1缶（約80g）
カンタン酢™ ……………… 大さじ4
Ⓐ　ごま油、いりごま ‥各小さじ1
輪切り唐辛子 ……………… 好みで

## ✏ メモ

**memo1 / 下ごしらえ**
- れんこんは小さかったら輪切りに、大きかったらいちょう切りにするなど、食べやすい大きさに切ってください。
- にんじんはれんこんと同じような長さ、厚さに切ります。大きさをそろえると、見ためや食感がよくなります。

**memo2 / 仕上げのポイント**
- 汁けが飛ぶまで炒めることで、照りが出ます。

## 栄養成分値 （1人分あたり）

エネルギー ‥ 122kcal　　炭水化物 ‥ 12.4g
食塩相当量 …… 1.0g　　食物繊維 ‥ 1.4g
たんぱく質 …… 4.7g　　糖質 ……… 11.0g
脂質 ………… 6.2g　　野菜重量 … 54g

## 作り方

**1** れんこんは皮をむき、2〜3mm厚さの半月切りにし、水にさらす。にんじんは皮をむき、細切りにする。memo1

**2** フライパンを熱したらツナ缶を油ごと入れ、中火で汁けが飛ぶまで炒める。好みで唐辛子を加え、炒め合わせる。

**3** 2に水けを切った1を入れ、中火で全体に油がまわるよう炒め合わせたら「カンタン酢™」をまわし入れる。

**4** 汁けが飛ぶまで炒め合わせたら火を止め、Ⓐを入れて全体を和える。memo2

# りんごとさつまいものサラダ

りんごのフレッシュな酸味、さつまいものほっくりとした甘さに
クリームチーズがベストマッチ。レーズンがアクセントとなりおしゃれな味わいに。

| ¥ 費用 | 調理 | 保存 | 保存容器 | お弁当に |
|---|---|---|---|---|
| 91 円 | 20 分 | 冷蔵3日間 | 850ml | |

## 材料（4人分）

りんご ‥‥‥‥‥‥ 1個（約250g）
さつまいも ‥‥‥‥ ½本（約150g）
クリームチーズ ‥‥‥‥‥ 約50g
レーズン ‥‥‥‥‥‥‥‥‥ 約20g
カンタン酢™ ‥‥‥‥‥‥ 大さじ2

## 📝 メモ

**memo1 / りんごの下ごしらえ**

・りんごの変色を防ぐため、切ったらすぐに「カンタン酢™」にからませます。
・りんごの皮はむいてもむかなくても、どちらでもよいです。皮つきのまま作ると、時間がたったときにほんのり赤色が移ります。

**memo2 / かき混ぜ加減**

・さつまいもは潰してもよいですし、反対に潰さずに形を残してもよいです。お好みの加減でどうぞ。

## 作り方

**1** さつまいもは両端を切り落としたら皮をむき、1～2cm幅の輪切りにする。3分ほど水にさらし、軽く水けを切る。

**2** りんごは八つ切りにしたら、さらに4～5等分に切る。バットに入れ、「カンタン酢™」をかける。memo1

**3** 鍋に1と、1がかぶるくらいの水（分量外）を入れ、中火にかける。沸騰したら弱火にし、10分ほどゆで、ざるにあげて水けを切る。

**4** 鍋の湯を捨て、さつまいもとりんごを入れる。ごく弱火にかけ、やさしくかき混ぜながら水分を飛ばす。memo2

**5** ほどよく水分が飛んだら火を止める。クリームチーズ、レーズンを入れ、ざっくりと和える。

## 栄養成分値 （1人分あたり）

| | |
|---|---|
| エネルギー ‥ 145kcal | 炭水化物 ‥ 26.1g |
| 食塩相当量 ‥‥‥ 0.5g | 食物繊維 ‥‥ 1.7g |
| たんぱく質 ‥‥‥ 1.6g | 糖質 ‥‥‥‥ 24.4g |
| 脂質 ‥‥‥‥‥ 4.3g | 野菜重量 ‥‥‥ 0g |

# 白菜からし漬け

切ってもむだけのお手軽レシピ。
箸休めとしてさっぱり食べられて、からしの風味があとを引きます。

| ¥ 費用 30円 | 🕐 調理 5分 | 保存 冷蔵5日間 | 保存容器 500ml | 🥕 野菜 60g以上 |
|---|---|---|---|---|

## 材料（4人分）

白菜 ················ ⅛株（約300g）
塩 ····················· 小さじ½ memo1
🅐 カンタン酢™ ········ ½カップ
│ からし（チューブ）········ 5cm
いりごま ······················ 好みで

## 📝メモ

**memo1 / 塩の量**
・ 塩の量は、白菜の重さの1%が
目安です。

**memo2 / 水けの切り方**
・ 流し台でポリ袋の口を下に向け、
白菜が落ちないように気をつけ
つつ、袋の上からぎゅっと手で
しぼります。

## 栄養成分値 （1人分あたり）

| | |
|---|---|
| エネルギー ···· 47kcal | 炭水化物 ·· 11.4g |
| 食塩相当量 ······ 2.0g | 食物繊維 ···· 0.9g |
| たんぱく質 ······ 0.6g | 糖質 ······· 10.4g |
| 脂質 ··········· 0.2g | 野菜重量 ···· 71g |

## 作り方

**1** 白菜は2〜3cm幅に切る。

**2** ポリ袋に**1**と塩を入れてもみ込み、10分ほどおい
て水分が出たら、しっかり水けを切る。memo2

**3** ポリ袋にを入れ、もみ込む。

**4** 食べる前に余分な水けをしぼり、好みでいりごま
をふる。

# ささみときゅうりの さっぱりサラダ

箸休めにぴったりな、きゅうりともやしのしゃきしゃき歯ごたえ。
すりごま＆いりごまのW使いで香ばしく仕上がります。

| | | | |
|---|---|---|---|
| ¥ 費用 **89** 円 | ⏱ 調理 **15** 分 | 保存 冷蔵3日間 | 保存容器 **800ml** | 野菜 **60g以上** |

## 材料（4人分）

鶏ささみ …………… 2本（約120g）
もやし …………… ½袋（約100g）
きゅうり ……………………… 2本
酒 ……………………… 大さじ½
 カンタン酢™ ……… 大さじ3
　すりごま …………… 大さじ1
　いりごま …………… 小さじ1
　しょうが（チューブ）…… 2cm
　塩 ………………………… 少々

## 📝 メモ

memo1 / ささみの下ごしらえ
・ 中がまだ生っぽいようでしたら、
　追加で加熱してください。
・ ささみから出た汁は旨みがある
　ので、捨てずに一緒に和えます。

memo2 / 和えるときのポイント
・ ささみが乾燥しないよう、先に調
　味料と和えてしっとりさせます。

## 栄養成分値 （1人分あたり）

| | |
|---|---|
| エネルギー …… 81kcal | 炭水化物 …… 6.9g |
| 食塩相当量 …… 1.2g | 食物繊維 …… 1.3g |
| たんぱく質 …… 8.2g | 糖質 …… 5.6g |
| 脂質 …… 2.3g | 野菜重量 …… 73g |

## 作り方

**1** 鍋に水1ℓ（分量外）、穀物酢大さじ½（分量外）
を入れ、中火にかける。沸騰したらもやしを入れ3
分ほどゆでたら、ざるにあげてキッチンペーパーで
おさえて水けを切る。

**2** きゅうりは両端を切り落とし、せん切りにする。塩
小さじ⅓（分量外）で塩もみして10分ほどおき、
手でしぼって水けを切る。

**3** ささみは室温に戻したら筋を取り、観音開きにす
る。耐熱皿に並べ上から酒をふったら、ぴったりと
ラップをして150Wの電子レンジで8分（200W
の場合6分）ほど加熱する。加熱後は、手でほぐす。
memo1

**4** ボウルでささみと🅐 を和えたあと、**1**と**2**を入れて
さらによく和える。memo2

# 大根のフレッシュピクルス

ぽりぽり、しゃきしゃきと食感も楽しく、サラダ感覚でいただけます。
「カンタン酢™」を使うことで、一般的な浅漬けと比べて減塩率約25％に仕上げました。

| ¥ 費用 65円 | 🕐 調理 10分 | 保存 冷蔵3日間 | 保存容器 800ml | ・目 お弁当に | 野菜 60g以上 |

## 材料（2人分）

大根 ……………………… 約4cm
にんじん ………… ⅙本（約25g）
きゅうり ……………………… ⅓本
パプリカ赤・黄合わせて ……… ¼個
カンタン酢™ …………… ½カップ

## 📝メモ

memo1 /
調味液は再利用しない
・ 一度野菜を漬けた調味液は、野
菜から出る水分で薄まっている
ので、繰り返し漬けることは避
けてください。

## 栄養成分値 （1人分あたり）

エネルギー …… 47kcal　　炭水化物 … 11.4g
食塩相当量 …… 1.0g　　　食物繊維 … 1.3g
たんぱく質 …… 0.6g　　　糖質 …… 10.1g
脂質 ………… 0.1g　　　野菜重量 … 81g
※栄養成分は漬け汁を40％摂取するとして算出。

## 作り方

**1** 大根、にんじんは4cm長さで5mm角の棒状に
切る。きゅうりは4cm長さで縦4等分に切る。パ
プリカは5mm幅に切る。

**2** ジッパー付き保存袋に**1**と「カンタン酢™」を入れ、
空気を抜いて袋の口をしめる。よくもみ込み、30
分ほど漬ける。memo1

# 梅ごぼうきんぴら

梅の風味が効いた、さっぱりとしたきんぴらです。
食卓にあと一品そえたいときに便利な箸休めメニューです。

| ¥ 費用 39円 | 調理 15分 | ❄ 冷凍 OK | 保存 冷蔵7日間 | 保存容器 500ml | お弁当に |
|---|---|---|---|---|---|

## 材料（4人分）

| にんじん | 1本（約150g） |
|---|---|
| ごぼう | 細1本（約100g） |
| 梅干し memo1 | 大2粒 |
| 酒 | 大さじ2 |
| カンタン酢™ | 大さじ2 |
| いりごま | 小さじ1 |
| サラダ油 | 大さじ1 |

## 📝 メモ

memo1 / 梅干しの種類
- しそ漬けの塩分濃度8％の大粒を使いました。お好みのものでよいですが、塩分濃度が高すぎると、塩辛い仕上がりになります。

memo2 / 仕上げのポイント
- 梅やいりごまの風味が熱で飛ばないよう、最後は火を止めてから和えます。

## 栄養成分値 （1人分あたり）

| エネルギー | 82kcal | 炭水化物 | 10.7g |
|---|---|---|---|
| 食塩相当量 | 1.8g | 食物繊維 | 2.6g |
| たんぱく質 | 0.9g | 糖質 | 8.1g |
| 脂質 | 3.5g | 野菜重量 | 59g |

## 作り方

1 ごぼうとにんじんはせん切りにする。梅干しは種を取り、包丁やスプーンでたたいてペースト状にする。

2 フライパンにサラダ油を熱し、ごぼう、にんじんを入れ、中火でしんなりするまで炒め合わせたら酒をまわし入れ、ほどよく汁けを飛ばす。

3 「カンタン酢™」を入れ、汁けが飛んで照りが出るまで炒め合わせたら火を止める。梅ペースト、いりごまをふり、和える。memo2

# 小松菜とカニカマの めんつゆ和え

小松菜とカニカマに「追いがつお®つゆ（2倍）」の旨みがからんで
おいしい簡単副菜です。材料は3つなので、とてもシンプルに作れます。

| ¥ 費用 **38**円 | ⏱ 調理 **5**分 | 保存 冷蔵4日間 | 保存容器 500ml | お弁当に |
| --- | --- | --- | --- | --- |

## 材料（4人分）

小松菜 ············· 5株（約200g）
カニカマ ············· 5本（約50g）
追いがつお®つゆ（2倍）·· 大さじ2

## 📝メモ

**memo1 / 小松菜のゆで方**

- 小松菜は根元の固い軸を切り落としたら、茎を少し広げ、流水でやさしく土汚れを洗い流します。
- ゆでるときはまず葉を手で持ち、茎を沸騰した湯に入れてゆでます。茎がやわらかくなってきたら、菜箸でやさしく葉を入れ、全体をゆでます。

**memo2 / しっかりと水けを切る**

- 力を入れすぎて潰さないよう、弱すぎず強すぎない力加減でぎゅっとしぼります。

## 栄養成分値 （1人分あたり）

| | |
| --- | --- |
| エネルギー ····· 23kcal | 炭水化物 ··· 3.3g |
| 食塩相当量 ······ 0.8g | 食物繊維 ····· 0.8g |
| たんぱく質 ······ 2.3g | 糖質 ········· 2.5g |
| 脂質 ············ 0.1g | 野菜重量 ···· 43g |

## 作り方

**1** 小松菜は水洗いして汚れを落とす。鍋に水1l（分量外）と塩小さじ1（分量外）を入れ強めの中火で沸かしたら、小松菜を茎から入れて30秒～1分ほど、葉も入れてさらに30秒ほど塩ゆでする。memo1

**2** 1をざるにあげ、広げてあら熱を取る。カニカマを手でほぐす。

**3** 小松菜の根元を切り落とし、2cm幅に切り分ける。キッチンペーパーをかぶせ、手でぎゅっとしぼり、しっかりと水けを切る。memo2

**4** ボウルに小松菜、カニカマ、「追いがつお®つゆ（2倍）」を入れ、よく和える。

# なすと長ねぎのみそ和え

長ねぎをごま油で炒めることでいっそう風味がよくなります。
つゆとみその甘辛だれがからんでごはんによく合います。

| ¥ 費用 **62**円 | 調理 **10**分 | 保存 冷蔵4日間 | 保存容器 **500ml** | お弁当に | 野菜 60g以上 |

## 材料（4人分）

なす ……………………… 3本
長ねぎ（白い部分）………… ½本
ごま油 …………………… 大さじ1
サラダ油 ………………… 大さじ2
🅐 追いがつお®つゆ（2倍）
　　………………… 大さじ2
　　みそ ………………… 大さじ1

## 📝メモ

memo1 / よく混ぜ合わせる
・ 調味液は、みそがよく溶けるまでしっかりと混ぜ合わせます。

memo2 / 長ねぎはごま油で
・ 長ねぎはなすを引き立たせる薬味的に使います。ごま油で炒めることで、いっそう風味がよくなります。

## 栄養成分値 （1人分あたり）

| | |
|---|---|
| エネルギー …… 85kcal | 炭水化物 … 5.9g |
| 食塩相当量 …… 1.0g | 食物繊維 … 1.7g |
| たんぱく質 …… 1.5g | 糖質 ……… 4.2g |
| 脂質 …………… 6.3g | 野菜重量 … 67g |

※栄養成分は揚げ焼き用の油を5%摂取するとして算出。

## 作り方

**1** 🅐をボウルでしっかりと混ぜ合わせる。memo1

**2** 長ねぎは根元を切り落とし、斜め薄切りにする。フライパンにごま油を熱し長ねぎを中火で炒め、しんなりしたら、ごま油ごと**1**に移す。memo2

**3** なすはへたを切り落とし、乱切りにする。切ったらすぐにフライパンに入れ、サラダ油をからませる。中火にかけ、表面に焼き色がつくまで炒める。

**4** なすの余分な油を切り**2**に移し、よく和える。

# キャベツとじゃこの
# めんつゆマヨサラダ

相性ばっちりの「追いがつお®つゆ（2倍）」とマヨネーズで和えた簡単サラダです。
じゃこの風味と香ばしさがアクセントに。

| ¥ 費用 **46**円 | 🕐 調理 **10**分 | 保存 冷蔵3日間 | 保存容器 **500ml** | ・日 お弁当に |

## 材料（4人分）

キャベツ ………… ¼玉（約250g）
ちりめんじゃこ …………… 約20g
おかか ……… 小分け1袋（2.5g）
Ⓐ 追いがつお®つゆ（2倍）
　　………………………… 大さじ2
　│ マヨネーズ ………… 大さじ1

## 📝 メモ

**memo1 / キャベツのゆで方**
・ 鍋底の熱源に近いところでしっ
　かり火が通るよう、芯を先に入
　れます。
・ 余分な水分で味がボヤけないよ
　う、ゆでたあとはしっかりと水
　けを切ります。

**memo2 / 和え方**
・ ちりめんじゃことおかかは、くっ
　ついてひとまとまりになりがち
　なので、菜箸でほぐしながら全
　体をよく和えます。

## 栄養成分値 （1人分あたり）

| | | | |
|---|---|---|---|
| エネルギー …… 51kcal | 炭水化物 … 4.0g |
| 食塩相当量 …… 0.9g | 食物繊維 … 1.0g |
| たんぱく質 …… 3.4g | 糖質 ……… 3.1g |
| 脂質 ………… 2.6g | 野菜重量 … 53g |

## 作り方

**1** キャベツを水洗いして水けを切り、葉は1cm幅に、芯は薄切りにする。鍋に水1ℓ（分量外）と塩小さじ1（分量外）を入れ、強めの中火で沸かしたら、芯、葉の順番で入れ、1分ほどゆでる。memo1

**2** 1をざるにあげる。あら熱が取れたらキッチンペーパーをかぶせ、手でぎゅっとしぼり、しっかりと水けを切る。

**3** Ⓐをボウルでよく混ぜ合わせる。キャベツ、ちりめんじゃこ、おかかを入れ、よく和える。memo2

# はんぺんソースの
# ふわとろグラタン

はんぺんで作るふわふわとろとろの和風グラタンです。
じゃがいもやピーマンはお好みの野菜に替えてアレンジしてもOKです。

| ¥ 費用<br>**101**円 | ⏱ 調理<br>**30**分 | 保存<br>冷蔵4日間 | 保存容器<br>800ml | お弁当に |
|---|---|---|---|---|

## 材料（4人分）

じゃがいも …… 中1個（約150g）
ピーマン ……………………… 2個
はんぺん …… 大判1枚（約120g）
**A** 牛乳 …………………… 80ml
　　追いがつお®つゆ（2倍）
　　………………………… 大さじ2
ミックスチーズ …………… 適量
サラダ油 ………………… 小さじ½

## 📝 メモ

memo1 /
はんぺんはできるだけ潰す
・ ボウルに入れたあとはスプーン
　の背やマッシャーを使って、な
　めらかになるまで潰しながら混
　ぜます。

memo2 / 焼き準備
・ 耐熱容器は、そのまま保存容器
　としても使えるホーロー容器が
　おすすめです。

## 栄養成分値 （1人分あたり）

エネルギー‥166kcal　　炭水化物‥12.5g
食塩相当量‥‥1.7g　　食物繊維‥0.7g
たんぱく質‥‥10.1g　　糖質‥‥‥11.7g
脂質‥‥‥‥‥8.2g　　野菜重量‥‥13g

## 作り方

**1** じゃがいもは皮をむいて芽を取り、1cmの角切り
にし、2〜3分ほど水にさらす。ざるにあげて水け
を切ったら耐熱皿に入れ、ふわりとラップをし、
500Wの電子レンジで3分ほど加熱する。加熱し
たら、再度ざるにあげて出てきた水けを切る。ピー
マンはへたと種を取り、輪切りにする。

**2** はんぺんを袋の上から手で潰す。ボウルにはんぺ
んと**A**を入れ、残ったかたまりを潰しながら混ぜ
合わせる。memo1

**3** オーブンを200度に予熱する。耐熱容器にサラダ
油を薄く塗り、じゃがいも、ピーマンを順番に広
げて入れ、**2**を具材のすき間を埋めながら入れる。
上からミックスチーズを散らす。memo2

**4** 200度のオーブンで15分焼く。

# つくおきの "悩まない" おかず 材料別さくいん

## nozomi （のぞみ）

森望。大阪府出身。SEとしてフルタイムで勤務する中で、週末に1週間分のおかずをまとめて作り置きするライフスタイルを開始。そのレシピを記録したサイト『つくおき』が大きな話題となる。サイトをもとにまとめられた「つくおき」シリーズは累計111万部を超える大ベストセラー。現在はサイトの運営をはじめ、企業のレシピ開発や商品開発への協力など、簡単でおいしい料理をテーマに幅広いジャンルで活躍している。夫と子どもの4人暮らし。

つくおき　https://cookien.com/

## staff

調理・スタイリング・撮影　　nozomi
装丁・本文デザイン　　Iyo Yamaura
アドバイザー　　森ひろき
協力　　株式会社 Mizkan
編集　　須田奈津妃

# つくおきの
# "悩まない"おかず
なや

2021年10月30日　初版第1刷発行

著者　　nozomi
発行者　　田邉浩司
発行所　　株式会社　光文社
　　　　〒112-8011　東京都文京区音羽1-16-6
　　　　電話　編集部 03-5395-8172
　　　　　　　書籍販売部 03-5395-8116
　　　　　　　業務部 03-5395-8125
　　　　メール　non@kobunsha.com
　　　　落丁本・乱丁本は業務部へご連絡くださければ、
　　　　お取り替えいたします。
組版　　堀内印刷
印刷所　　堀内印刷
製本所　　ナショナル製本